11/10

Miss Narco

Miss Narco

Belleza, poder y violencia

Historias reales de mujeres en el narcotráfico mexicano

Javier Valdez Cárdenas

AGUILAR

Título original: *Miss Narco*.
Copyright © Javier Valdez Cárdenas

De esta edición:
D. R. © Santillana Ediciones Generales, S.A. de C.V., 2009.
Av. Universidad 767, Col. del Valle.
México, 03100, D.F. Teléfono (52 55) 54 20 75 30

Primera edición: noviembre de 2009
Tercera reimpresión: abril de 2010

ISBN: 978-607-11-0301-7

Fotografía de cubierta: Marco Baass
Diseño de cubierta: William Dietzel

Impreso en México

Para

Mireya Cuellar, por la guarida
jornalera y las antorchas

Andrés Villarreal, por las mentadas
y los empujones

Felipe Parra, por los consejos,
esas letras tercas y los güisquis

Orfa Alarcón y César Ramos, mis editores,
por creer en los espejismos.

Índice

Prólogo

Una mujer al frente de un grupo de sicarios dirige una emboscada contra un convoy de agentes de la Dirección General de Reclusiones. Una bellísima narca ordena que "levanten" a un mesero y lo "encajuelen". Una madre de familia junta los pedazos, uñas, pellejos y coágulos a los que fue reducido su hijo de 15 años. No. No son escenas de una película de acción que estará próximamente en cartelera mundial. Se trata de notas periodísticas que aderezan el narco nuestro de cada día, notas en las que el papel femenino cobra cada vez mayor fuerza y presencia.

Narcomenudistas, consumidoras, baleadas, sicarias, golpeadas, amenazadas, hijas de papi, periodistas, cocineras, reinas de belleza, madres estoicas, policías, secuestradas, maestras, *managers* deportivas, activistas, sobrinas… son personajes de este universo en el que Javier Valdez Cárdenas engloba al gigantesco mundo de la mujer en el narcotráfico.

Este libro es producto de una ardua investigación periodística y de las múltiples ocasiones en las que el autor se ha jugado el pellejo para escuchar los testimonios de primera mano.

En todas y cada una de estas crónicas está el afán por armar todas las piezas y descubrir cada enigma, porque para Javier Valdez cada mujer es un misterio.

La primer sección de este libro se refiere a mujeres hermosas, seductoras por naturaleza que se dejan atrapar por el destello del poder y del dinero y que ingresan a un juego en el que la cazadora se convierte en la presa. El siguiente apartado habla de mujeres que terminaron pagando, incluso con la vida, las deudas ajenas. La tercera sección corresponde a aquellas mujeres que pertenecen a familias donde el narco da para el pan de cada día a madres, sobrinas, hermanas, esposas de capos… con tragedia o con ironía, estas historias son reflejo fiel de la trascendencia de la familia sobre todo lo demás. La cuarta, y también muy entrañable sección, trata de las heroínas que con ametralladoras o con pancartas combaten el crimen. La quinta sección es de las reinas, la de las valientes, aguerridas, jefas de sicarios, dueñas del dinero y de los vicios, esas que quedan inmortalizadas en corridos, en libros y en reportajes periodísticos, mujeres duras, idealizadas por su belleza y su don de mando. La sexta sección es la de las mujeres que se encuentran en uno de los últimos eslabones del poder que maneja el narco: los objeto de ornato que reciben una corona comprada con dinero ilegal.

Para Javier Valdez, valentía es sinónimo de belleza, por eso en sus artículos no se encontrará una sola mujer fea, sólo bellezas que deslumbran con su carácter y su arrojo. Irrepetibles, cada una de ellas es una historia, con una cosmogonía y con valores distintos. Valdez sabe tratar objetivamente cada historia, no enjuicia moralmente ni reacciona con horror: las cosas son así porque la realidad supera a la fantasía. Cada lector creará su propio jucio y tal vez el único punto de coincidencia de todos es que ya el narco no es cosa sólo de hombres.

SEDUCTORAS SEDUCIDAS

Lorena Hernández, detenida en Tijuana al encontrársele
173 cristales de metanfetamina, además de mariguana.
10 de junio, 2009. (AP Photo/Guillermo Arias).

Yoselín[*]

Ella nació en la costa. En un pueblo cercano a la capital sinaloense, a poco más de cien kilómetros de Culiacán y a menos de treinta de la ciudad de Guamúchil, en el municipio de Salvador Alvarado.

Ahí, en su pueblo de casas de madera y lámina, entre temporadas de captura de camarón y tiburón, actividades a las que se dedicaban sus padres y hermanos, cursó hasta la secundaria y fue en ese periodo cuando conoció al amor de su vida: el novio de los 14 años, al que le sudaban las manos cuando entrelazaba la suya, el que la miraba con esa ternura de atardecer frente al mar. Ambos terminaron la secundaria. Él se fue a Estados Unidos, a seguir estudiando y a trabajar. Ella se quedó en su tierra para cursar la preparatoria.

Ya era una jovencita, sus formas lograban en ella la imagen típica de costeña. El pelo chino siempre alebrestado y la danza sensual de sus pechos al caminar. Ya portaba esa coquetería consustancial a ese cuerpo que empezaba a asomarse, sinuoso y atractivo.

Así, con ese porte y ese cuerpo como un guiño, a sus 17 años ganó el certamen municipal de reina de belleza, en el año 2000.

_____

[*] Nombre ficticio para proteger la identidad del personaje.

Hasta la tierra de Yoselín bajan los cargamentos de mariguana y cocaína. La yerba viene de la sierra, cerca de 50 kilómetros de estas costas ya empieza la montaña. Y más, poquito más allá están los plantíos de mariguana. Y un poco más arriba, los de amapola. La cosecha se da después del tiempo de lluvias, que casi siempre son abundantes en esta región. La carga es bajada en camionetas de redilas, en camiones de carga, trocas y camiones rabones. No ha hecho falta ir tan lejos. En esta zona, en el 2009, efectivos del Ejército Mexicano destruyeron dos plantíos de mariguana que estaban ubicados en el valle, en la zona donde campesinos y prósperos agricultores siembran frijol, maíz y garbanzo, y un poco de hortalizas. Los dos plantíos sumaban alrededor de 43 hectáreas. Pero uno de ellos, el más extenso era de poco más de 39 hectáreas. Ninguno tan extenso en 10 años, en Sinaloa. Las plantas, de acuerdo con los reportes de la Novena Zona Militar, estaban a punto de la cosecha. Nada que ver con los cientos de hectáreas encontradas y destruidas también por el ejército en otra zona agrícola, más desarrollada, en el municipio de Elota, donde preponderantemente se siembran hortalizas —tomate, pepino y chiles— para el mercado de exportación. Son más de 100 mil los jornaleros agrícolas que se emplean en la siembra y cosecha de hortalizas. Muchos de estos trabajadores vienen de estados como Chiapas, Oaxaca y Veracruz. Son los mismos que pasaban cerca de los plantíos de mariguana, que no eran pocos: entre todos, en un plazo corto de cerca de dos meses, sumaron unas 200 hectáreas, pero en diferentes predios, diseminados, escondidos, entre parcelas de maíz, camuflados, pero cerca, muy cerca de la carretera México 15, de la zona urbana, de las miradas y narices de la autoridad municipal. Y a unos cien kilómetros de Culiacán.

La yerba llega hasta la costa en camionetas y camiones. Es descargada clandestinamente en bodegas y puntos cercanos a la playa. De madrugada, cuando la oscuridad es densa y la noche avanzada, jóvenes pescadores, subempleados con la resaca de la temporada de captura de camarón que no alcanzó ni para pagar las deudas, se emplean, se instalan en lanchas rápidas, suben la droga a la nave, y se retiran, penetrando la densa neblina, mar adentro, para colocar la droga en otros mercados, otros puertos y barcos, donde la esperan clientes ya apalabrados.

La coca se mueve igual. Llega por la costa y por la costa se va. Una parte se queda en la zona, para su venta, aunque también con ella se pagan los servicios de transporte y seguridad. El resto puede buscar nuevos mercados. Siempre, invariablemente, hay gente esperándola.

El transporte de enervantes por vía marítima ha cobrado auge debido a que las carreteras están copadas de retenes y hay patrullaje de la policía federal y el ejército. Por aire las drogas pueden ser detectadas por los radares del gobierno. Por mar no hay quien las pare. Y si los transportistas son detectados, no hay quien los alcance. Lo peor que puede pasarles es que tengan que tirar la droga entre los matorrales, la selva baja poblada por los manglares, o mar adentro, para que nadie la encuentre.

Todo en Yoselín es regalado: el reloj, el anillo, el collar con diamantes, la blusa y el pantalón, los lentes Dolce&Gabbana. Todo. Hasta sus senos voluminosos y explosivos. Pero ella no se regala.

Morena, alta, pelo negro, largo y ensortijado. Ojos que brincan, que viajan para allá y para acá, que no están quietos, sólo cuando miran a algún hombre guapo pasar. Una sonrisa que desvela y despierta.

Yoselín se sabe hermosa, atractiva y sensual. Trae una blusa negra que se abotonó casi hasta arriba para llegar al restaurante. Pero que se desabrochó tres ojales cuando vio que la miraban: sus pechos quieren saltar, bolas redondas y rebeldes, que se quieren salir del brasier. Era 32A hace un par de años. Juntó un dinero que le dejó un novio y una parte que le aportó su nueva pareja, un árabe que vive en Caléxico, hasta sumar los 45 mil pesos que le costó subir de talla y de envidias: ahora es 36C.

Tiene 24 años y una vida de abundancia: piedras preciosas, brillantes y regalos. "Pero me he partido la madre", dice, con ese acento de *bronca*, como se les llama a quienes habitan el norte del país, que vienen de rancho, de comunidades rurales marginadas o de la sierra. Pero ella, aunque se siente bronca y se dice bronca, es costeña. Basta mirar su pelo, su andar de vaivén como las olas que bañaron su costa, su arena, sus pies y su infancia.

Yoselín es gritona, grosera, malhablada, coqueta, brillante, inteligente, generosa. Yoselín dice lo que piensa y está acostumbrada a que le reviren, le contesten, y a pelear, defenderse, discutir. Ya ha tenido problemas por decir lo que piensa, pero prefiere eso a la hipocresía, a las mustias de oficina y locas de motel. Ella está loca y así es siempre. Loca de atar, no de borracheras ni antros. Loca de amor, pero también de "chingarse y chingarse" —como dice ella— para estudiar y trabajar, para terminar su carrera profesional, ayudar a sus padres y estar donde está: de regreso con su amor, el amor de su vida, el novio de la secundaria, el de los 14 años, al que siguió y esperó, aun en brazos de otros hombres, hasta que regresó a su tierra, al arrullo de las olas, a ese olor a pescado y a perdición.

Yoselín afirma que se le han acercado narcos. Le dicen, incitantes, "¿No quieres ser mi reinita?" Bien vestidos, con su tejana, los pantalones de mezclilla y camisas Versace. Enjoyados, envueltos en cadenas de oro, tres teléfonos celulares y radios Nextel. Ojos vidriosos y paso guango, desenfadado. Botas azules, de piel de avestruz o de anguila. "Mamita, ven conmigo. Te doy lo que quieras", dice Yoselín que le musitan al oído. Ella no ha querido involucrarse. Les dice que no porque está cabrón: "Todo lo que tengo me ha costado mucho, un chingo de esfuerzo, de trabajo, como para que te etiqueten, digan *ésta es mujer de narcos, de tal narco*, y al rato te maten. Como que no".

A sus 24 años, conoció a un sujeto a quien no quiere nombrar. El hombre se le acercó, según confesó ella misma, y le dijo que el carro que traía no era para una mujer tan hermosa. Él tenía una camioneta Lobo color negra y un interminable fajo de dólares en la billetera, y le insistió: "Morenita, no ande en ese carro, ese carro no es para usted, usted se merece uno nuevo, un carrazo, se lo voy a regalar." Y así lo hizo. Le dio un Bora de lujo, con quemacocos, diesel en lugar de gasolina, asientos de piel y tablero con terminados de madera.

Yoselín dice no saber si eran narcos sus benefactores. Fueron sus parejas, amantes y novios. Uno de ellos, el mismo que le regaló el automóvil, que era quien más capacidad económica tenía, le daba de dos a cinco mil dólares cada que ella le llamaba, le pedía, necesitaba, o simplemente se le antojaba. Le financió un viaje a Estados Unidos, por una semana. Y luego se la llevó a la Ciudad de México. Tenían el plan de viajar juntos a Argentina y Brasil. Ya tenían todo listo. Llegando de la capital del país, un par de días de descanso en Culiacán, y luego a tomar el vuelo.

Pero la consigna de Yoselín, su máxima, de que el dinero no lo es todo, fue la que ganó. Que lo que quiere y necesita es amor. Poco, poquito, mucho, todo el amor. La razón era que su novio, aquel de la secundaria, el amor de su vida, estaba de regreso en su tierra, frente al mar. El dinero es muchas cosas, pero no para ella. Aunque sin estirar mucho la mano lo ha tenido, y si hubiera querido tendría un baúl con los billetes y las joyas, los carros en la cochera, una casa, un fraccionamiento amurallado para ella sola. Una ciudad entera.

Antes de salir de nuevo a la Ciudad de México para tomar con su benefactor el vuelo al extranjero sintió esa comezón en el estómago, esas burbujas en el vientre, e inventó un pretexto para ir a su pueblo. Ahí se encontró con el primer novio. Se encontró con él sin haber dejado de hablarle, verlo y visto, en todos sus sueños. Se entrelazaron sus manos, sus extremidades y se confundieron de nuevo los sudores. Entró uno en la otra. Copuló el mar con el cielo. Y ambos se dijeron sí para el resto de sus vidas.

Cuando Yoselín estuvo de nuevo en Culiacán, su amante, el de la camioneta Lobo negra, de los fajos de dólares estaba esperándola para preguntarle a qué había ido a su pueblo, con quién, a qué hora había llegado. Ella contestó y todo coincidió con el GPS que el vehículo tenía instalado, y del cual ella apenas se enteraba. Entonces Yoselín se vio acosada y hostigada, sobre todo cuando empezó a encontrarse a su amante "por casualidad", en los centros comerciales y restaurantes, saliendo del café o la estética. Se dio cuenta de que traerse a su novio a Culiacán era arriesgado porque podían verlos juntos y hacerles daño. Le dio pavor y se sintió vulnerable. "Una mirilla de un francotirador puede jalar el gatillo cuando me tenga en el centro, donde se cruzan las rayas del telescópico."

Fue entonces cuando Yoselín pensó en terminar esa relación de fajos de dólares y automóvil nuevo. Le anunció al amante en 15 ocasiones que le regresaría el Bora pero él no aceptó, con el argumento de que el carro era suyo. La tensión subió de tono con la desesperación: sabía que el vehículo era parte del chantaje que él le quería imponer. Era una encrucijada entre el amor y el dinero, los lujos. Los nervios de Yoselín alcanzaron tal nivel que tuvo que acudir a terapia psicológica y bajó ocho kilos de peso en cuatro semanas, sobre todo porque la seguían interrogando con preguntas de con quién andaba, a dónde había ido, a qué hora había llegado.

Hasta que Yoselín se decidió. Le dejó el Bora en el estacionamiento de un centro comercial. A la empleada del mostrador de uno de los negocios del lugar le dejó las llaves y le pagó 200 pesos. "Al rato pasan por él." Y le encargó que las entregara. Pero su terror siguió ahí, crujiéndole en las tripas, porque él insistió durante algunas semanas en seguir con ella y regresarle el automóvil de lujo. Pero ella estaba decidida a deshacerse del confort, volver a su carro viejito y recuperar al amor de su vida.

Todo a pesar de su pasión por lo material, los billetes y las joyas.

Por algo será que la ciudad y sus personajes oscuros dan miedo. Las calles de día y de noche están pintadas de rojo. Rojo sangre. Sangre seca. Así se edificaron los pequeños altares en los camellones y las banquetas, en los atrios de las iglesias, las entradas de las escuelas, estacionamientos de centros comerciales, plazuelas y a la orilla de calles y carreteras. Cruces pequeñas, rodeadas de globos y grotescas flores artificiales, siempre verdes, amarillas y rojas. Cruces y mausoleos, unos indiscretos y otros sencillos, apenas visibles. Acaso un "Te quiero" en la base, "No te olvidaremos, tus hijos y esposa". Cruces de un metro, con diseño arquitectónico y ornamentaciones. Cruces en las esquinas y bajo los semáforos. La ciudad es un panteón. Todos los rincones son zonas de ejecuciones. En el 2009, en menos de 140 días hubo casi 400 asesinatos. De entre ellos, 25 cometidos en contra de mujeres. Una de ellas embarazada y ultimada a tiros con otro joven, cuando circulaban por la avenida principal de la ciudad capital. Ambos murieron ahí, dentro de un vehículo compacto. Los paramédicos de la Cruz Roja la levantaron a ella sin vida y la llevaron al hospital, ubicado a menos de un kilómetro del lugar. El personal del nosocomio logró extraer vivo al bebé, que luego alcanzó una recuperación completa, ya que no tenía impactos de bala.

Ese año, 2009, cuando todavía no terminaba mayo, ya se habían acumulado nueve parejas ultimadas a balazos, en casos supuestamente relacionados con el narcotráfico. En muchos de estos asesinatos las víctimas eran presuntos robacarros, ejecutados por parte de un comando de sicarios que después de ultimarlos dejaban recados amenazantes para otros delincuentes dedicados al robo de autos: como un mensaje macabro, aventaban sobre los cadáveres carros nuevos de juguete.

Dos de los municipios de Sinaloa, Navolato y Culiacán, concentraron la mayoría de estos homicidios. En uno realmente conmovedor, dos jóvenes, marido y mujer, fueron encontrados en el camino que conduce al dique La primavera, al sur de la capital sinaloense. Él fue hallado con los ojos vendados y las manos esposadas a la espalda. Ella, joven y hermosa, fue encontrada muerta a pocos metros de él. La joven fue identificada como María José González López, de 22 años, oriunda de la ciudad de Mexicali, Baja California, y Omar Antonio Ávila Arceo, de 30 años, nacido en Michoacán, quien aparentemente se dedicaba a la compra y venta de vehículos usados. En el lugar, de acuerdo con los reportes de la Policía Ministerial de Sinaloa, fueron encontrados diez casquillos calibre .38. Las dos víctimas tenían impactos de bala en la cabeza.

Esta era la violencia que, aunque no estaba dirigida a ella, le ponía los nervios de punta a Yoselín.

"Qué es tuyo", se le pregunta a Yoselín. "Van a decir que nada es mío, que todo es regalado: la ropa, los cincuenta pares de zapatos, las pulseras, el anillo, el reloj. Pero es que todo es mío y todo es regalado. Y lo que falta."

Yoselín es única hasta en la forma de pararse, en el habla, en esos pasos largos, como de sensuales zancos, nada más para recorrer los pasillos, mostrarse en el trayecto de la mesa del restaurante al baño. Su objetivo es ser observada, mirarse en los ojos deseosos del otro, saberse en la mirada envidiosa de la vecina, de la amiga, de la compañera de trabajo o de esa desconocida que la devora, queriendo desaparecerla con la mirada.

Así, Yoselín es feliz. "El dinero. El dinero no es nada. El dinero no es la felicidad ni es todo. Esa es la verdad. Puede parecer que en mi caso sí, sí lo es todo. Pero parezco muchas cosas que no soy. Y soy romántica y me gusta la lana, el dinero, los dólares. Pero para mí no hay como la familia, vivir con alguien que es tuyo y de nadie más, morir con él, estar en mi casa, abrazada, amada, cobijada. Eso es lo mejor. Ahí está la felicidad. Mi felicidad."

Yoselín ha vivido en esos linderos: el narco, la perdición y el papel moneda. Sus fronteras son flexibles en función de las coyunturas. Ahora está tranquila y quiere vivir con un muchacho que la tiene loca, más de lo que está, desde la adolescencia. Niega lo que es evidente, como ese collar que insiste en asomarse y luego perderse entre las tetas. Es un collar del que cuelga una figura en forma de corazón, copada de brillantes. El costo aproximado de estas piezas, ambas de oro, es de casi 65 mil pesos. El reloj Bulova, aparentemente discreto, con carátula redonda y delgado, también tiene brillantes: otros 25 mil pesos. Un anillo de oro y unas arracadas que igualmente tienen un alto precio. Con todo y sus senos inflados, Yoselín carga esa tarde en su cuerpo, incluyendo ese atuendo y el ajuar, alrededor de 150 mil pesos. Tiene un teléfono Motorola con carátula plateada: cinco mil pesos más. En su ajuar está la bolsa marca Chanel, que tiene un valor de 10 mil pesos. Y los 40 o 50 pares de zapatos.

Insiste en decir que, si fueron narcos sus benefactores, ella nunca se enteró. Actualmente, trabaja en una dependencia del gobierno del estado y estudia inglés en el Centro de Idiomas, de la Universidad Autónoma de Sinaloa. Quiere seguir preparándose. "No sé, tal vez una maestría." Dice que le gusta esforzarse, obtener las cosas con pasión y sudor, pero no conseguirlas a costa de lo que sea. "Eso es peligroso", señala, con resignación. Intenta convencer a su novio que estudie o trabaje, pero él no tiene prisa. Y menos si sus padres lo mantienen con el dinero que sacan de un negocio de venta de ropa y accesorios para mujeres. Por lo pronto, ella ya sacó cuentas para seguir correteando sus sueños: una casa propia a través de un crédito de interés social, y una lipo y nuevas nalgas.

"No he terminado. Quiero una liposucción y que la grasa me la pongan acá, en las nalgas", dice. A su paso, con esa altivez, los hombres creen que no es de aquí, tal vez cubana, brasileña o colombiana. Y a ella le encanta. Le alimentan el enigma y eso se agrega a su belleza. Dice no necesitar de tantas joyas ni colgajes pero no se los quita. Argumenta que casi nunca las trae encima. No extraña el otro nivel de vida, regalado por tantos novios, como aquel que la llevaba a los mejores restaurantes, que era calmado pero siempre andaba con una pistola fajada. Y se defiende: "Todo lo he conseguido con trabajo, con mucho esfuerzo, chingándome, pero nunca he dado las nalgas."

Argumenta que ya decidió dejarlo todo y quedarse con el amor, su amor, el que empezó a los 14 años y se convirtió en el resto de su vida, al lado de ese joven de su pueblo.

Lejos, muy lejos, en la sala de una casa inmensa pende una fotografía tomada durante una fiesta, en la que Yoselín está sosteniendo, orgullosa, un fusil AK-47, conocido como "cuerno de chivo", arma preferida por los sicarios al servicio de los cárteles del narcotráfico. Yoselín ya está lejos del árabe y el Bora, del empistolado, del GPS y del tipo que la perseguía y la orilló a acudir con el psicólogo. También está lejos de aquel narco que se le acercó, vestido de cinto piteado, prendas Versace, con torzales gruesos y la brillosa Santa Muerte colgándole del pecho, ese que le dijo pispireto "Te voy a dar lo que quieras." "Le pregunté que cuánto", explica Yoselín, "y me dijo que todo: todo lo que yo quisiera".

Amor, volví a chocar

La joven agarró el teléfono celular. No estaba nerviosa, no, más bien aparentaba desenfado. Actuaba con la lentitud de no importarle lo que hacía, de no tener prisa, de estar más allá.

Comenzó a hablar fuerte, varios testigos recuerdan la conversación.

"Amor, ¿qué crees?, choqué otra vez... Sí. Ajá. Ay, mi amor, qué lindo. Sí. Sí. Sí. Aquí, por la… ¿cómo se llama esta calle?", preguntó sin dirigirse a nadie en particular, y no faltó el aprontado: "Es la Francisco Villa." El accidente había sido en el centro de Culiacán.

La joven traía una camioneta negra Chevrolet nuevecita, tipo buchona. Tres choques había protagonizado en apenas mes y medio. Circulaba por la Donato Guerra, de norte a sur, y no hizo alto en la esquina de la Francisco Villa. Entronque peligroso: todos los días y a todas horas hay choques y peatones atropellados. "Iba descuidada", así se lo dijo al oficial de la Coordinación Municipal de Tránsito que tomaba nota, venía buscando el teléfono celular, que sonaba y sonaba, no vio la señal de alto instalada en la esquina.

"No hizo alto", le dijo el agente, ataviado con su uniforme café, con una raya café oscura en los lados del pantalón. La Chevrolet pegó muy fuerte con esa camioneta Nissan de modelo viejo en la que iba una familia que vende elotes calientes y esquites. Los niños que viajaban en la parte de atrás resultaron con quemaduras: con el golpe y el frenón la olla casi se les viene encima y alcanzó a caerles el jugo caliente de los esquites. Los dos menores fueron trasladados a la Cruz Roja, por una ambulancia, donde fueron atendidos por quemaduras de primer grado.

No fueron las únicas víctimas de ese percance. Los que iban adelante, un par de ancianos, también se golpearon. Ellos estaban temblorosos. Las arrugas se les multiplicaron y ahondaron con sus gestos de susto y preocupación cuando vieron a los niños llorando.

El señor de la carreta de tacos de cabeza que puebla religiosamente la esquina de Villa y Donato Guerra fue otro de los damnificados. La carreta quedó descuadrada y arriba de la banqueta. Mesas y bancas desaparecieron en el asfalto.

A pesar de que se encontraban estacionados, otros tres carros fueron afectados por la imprudencia. Resultaron con golpes en los guardafangos, en las defensas traseras, las puertas, los espejos, las salpicaderas. Uno de ellos, un Platina modelo 2005, quedó con la mitad trasera como acordeón. Cuando su dueña, que trabaja en una oficina que está en la esquina de ese crucero, vio su vehículo destrozado, pensó que era pérdida total. "¡Ni siquiera he terminado de pagarlo!", le comentó al oficial de tránsito.

La responsable del percance seguía con el teléfono celular pegado a la oreja: arrastrando su melodiosa voz, viajando por ese rinconcito de la ciudad que parecía zona de guerra. La dueña del Platina la escuchó decir "voy a hablarle a mi novio para que venga y arregle". A los cinco minutos llegó un hombre con un maletín pequeño, como cangurera. Arribó al lugar como buscando a Dios para que le pidiera perdón. Miró todo por encima y preguntó quiénes eran los afectados. Los agentes de tránsito se le quedaron viendo mientras hacían los peritajes. Los socorristas de la Cruz Roja atendían a los niños y a los ancianos. Los de la aseguradora tomaban fotos, preguntaban y tomaban nota para elaborar sus reportes.

El hombre recorrió la zona. Parecía flotar. Corrió el cierre y sacó billetes. Puños. Les dio a todos: billetes a los ancianos, billetes a los policías, al de la carreta de tacos de la esquina, quien al momento de estirar la mano le espetó que su carreta valía por lo menos 30 mil pesos, así que se los puso en la palma, sin chistar.

Billetes como arroz. Para hacer a modo el reporte vial de tránsito. Y que no haya problemas. Y que no pase nada. Y que todos se vayan contentos.

A la del Platina que estaba estacionado le ofrecían 20 mil pero los rechazó. "Yo le dije que no le iba a agarrar el dinero ni aunque me diera cincuenta o cien mil pesos en ese momento, porque no sabía cuándo me iba a costar arreglar el carro, y para mí, con sólo verlo, era pérdida total", comentó por la tarde a un reportero del periódico local.

Los tránsitos la vieron. Los de la aseguradora, su aseguradora, también la vieron. Le dijeron: "Agárrelos, oiga. Agárrelos y que ahí muera la bronca." Ella contestó que no. Y no.

Al otro día los periódicos hablaron de un choque. Céntrico crucero. Impactan varias unidades. Varios heridos, entre ellos una niña. Los auxilia la Cruz Roja. Pérdidas en miles de pesos. El saldo total, según el reporte publicado en los diarios, fue de tres mujeres lesionadas, incluyendo la conductora de la camioneta Chevrolet, placas TX-05573, de Sinaloa. Los otros lesionados viajaban en una unidad de modelo viejo Nissan, color gris, con placas de circulación NC-82455, del estado de Michoacán, en la que trasladaban ollas con agua caliente y elotes.

Socorristas de la Cruz Roja, indica el reporte de este cuerpo de auxilio, arribaron al sitio en la ambulancia 225 y le brindaron los primeros auxilios a la menor. Los paramédicos indicaron que la niña Nancy Mariel Ochoa presentó quemaduras en un glúteo, y su mamá, de nombre Silvia Judith Armenta Luna, de 29 años, sufrió golpes en el brazo izquierdo. La conductora de la camioneta negra tenía lesiones leves en tórax y cuello.

"La menor viajaba en la caja trasera de la camioneta junto con otros dos menores. Cuando llegaron al cruce de la calle Donato Guerra y avenida Francisco Villa dicho vehículo se impactó contra una camioneta Chevrolet, negra, con placas TX-05573 de Sinaloa, misma que manejaba Fabiola Guadalupe Leyva Cervantes. Durante el impacto la niña resultó quemada debido a que llevaban una olla con agua caliente, en la que traían elotes".

Así reza la nota publicada en el diario *El debate*, de Culiacán, el último día de febrero.

Mes y medio después, las empresas aseguradoras de los dueños del Platina y de la camioneta negra llegaron a un arreglo. No hubo necesidad de turnar el caso a la agencia del Ministerio Público que atiende estos percances: el del maletín pequeño, con los billetes rebosantes, pagó 50 mil pesos en efectivo.

El Platina quedó con los asientos nuevos y toda la parte trasera, desde la cajuela hasta la mitad de la unidad, totalmente renovada. Pero su dueña sigue escuchando la voz gritona, golpeada y desenfadada, de la joven aquella de cerca de 25 años, cantando por el teléfono celular: "Amor, qué crees…"

Y más porque la cuota de choques y accidentes automovilísticos en el lugar se mantiene. Y también el miedo.

Sugey[*]

La piel de la Sierra Madre Occidental tiene sangre en sus poros. Todavía hay mapas rojos en la epidermis colectiva de sus habitantes. Hay dolor y gritos. Pueblos incendiados en la memoria, familias corriendo despavoridas, hombres robados, mutilados y muertos, mujeres de muchas edades sometidas a los abusos sexuales.

Los setenta fueron los años de la Operación Cóndor realizada por el Ejército Mexicano, a petición de los gobiernos estatales, aunque muchas de estas autoridades locales sólo dijeron, con una voz tenue, de resignación y tibieza, "pase usted".

La Sierra Madre Occidental es tierra de plantíos de enervantes: amapola, preponderantemente, en décadas pasadas, como en los cuarenta —para su procesamiento y obtención de la goma de opio y heroína—, y también mariguana. La siembra y tráfico de estupefacientes se inició a principios del siglo 20, con la presencia de los chinos en importantes regiones del noroeste y norte del país. Y luego bajo el control de los militares "revolucionarios". Las operaciones, control y tráfico, eran realizados por narcos, pero supeditados al control político de los jefes regionales de la "revolución". Las operaciones con drogas ilícitas formaban parte de las pugnas políticas entre el presidente de la República en turno

---

[*] Nombre ficticio para proteger la identidad del personaje.

y los mandos militares y gobernantes locales: todos querían tener el control y la gran tajada del negocio de las drogas.

Versiones de académicos refieren que durante la Segunda Guerra Mundial, al final de la primera mitad del siglo, autoridades de México y Estados Unidos pactaron la siembra de amapola en la zona montañosa de los estados de Chihuahua, Durango y Sinaloa, por su clima propicio para éste y otros cultivos, para obtener goma de opio y elaborar morfina, y surtir de este poderoso analgésico a los soldados estadunidenses que estaban en combate.

Ya en los sesenta y setenta, los productores locales de goma de opio, también llamada "adormidera", eran conocidos en estas regiones del noroeste como "gomeros" y mafiosos. Y en esa coyuntura habían dejado de estar bajo el mando de políticos y militares. Pero sí contaban con su complicidad. Ya entonces eran socios.

Pero la siembra y tráfico de enervantes ya estaba propiciando enfrentamientos violentos entre bandas rivales. En las ciudades los enfrentamientos eran comunes y en algunos de estos años, sobre todo en los correspondientes a la década de los setenta, el número de muertos alcanzaba un promedio de 500 al año.

Las constantes matanzas y el descontrol en la siembra y venta, trajeron conflictos sociales y políticos a los gobiernos locales y de la federación. Con las presiones de Estados Unidos, que exigían a las autoridades mexicanas someter el narcotráfico, se diseñó e inició en esta región la Operación Cóndor, en 1977: la primera y más fuerte estrategia del gobierno federal en contra del narcotráfico. 10 mil efectivos militares, apoyados por agentes de la entonces Policía Judicial Federal, de la Procuraduría General de la República, batieron y arrasaron pueblos. Fue, en pocas palabras, un acto brutal, arbitrario e indiscriminado contra estas comunidades y sus habitantes.

El saldo de esta operación fue más que escandaloso. La Operación Cóndor, dijeron los jefes militares y políticos enquistados en el gobierno, fue un "éxito" porque lograron destruir alrededor de 15 millones 800 mil metros cuadrados de cultivos de amapola y mariguana, en los estados de Chihuahua, Durango y Sinaloa, que conforman el llamado Triángulo Dorado.

Cientos de personas fueron arrestadas, torturadas y consignadas ante el Ministerio Público. No eran grandes capos, jefes ni operadores. Su error fue haber estado ahí, en su casa, sus comunidades, junto a su esposa e hijos. Frente a los menores, muchos padres fueron torturados y abatidos a tiros, algunos hijos que intercedieron fueron también muertos. Las esposas e hijas, violadas. Pueblos incendiados, borrados de la serranía, igual que pequeñas parcelas de maíz y frijol. Las pocas pertenencias, ropa y algunos muebles, fueron robados o también consumidos por el fuego.

Cientos, miles de familias, huyeron a las ciudades cercanas, y abandonaron sus pueblos. Cálculos de académicos y de organismos ciudadanos defensores de los derechos humanos señalan que cerca de 100 mil personas, tan sólo en el caso de Sinaloa, huyeron a los centros urbanos cercanos. Los jefes del narcotráfico hicieron lo mismo. Su nuevo campo de acción fue Guadalajara, en el estado de Jalisco.

Eran tiempos de don Eduardo Fernández y de incipientes capos y organizaciones que hoy conocemos como cárteles, entre ellos Rafael Caro Quintero, Ernesto Fonseca Carrillo, "don Neto", Miguel Ángel Félix Gallardo, que primero impulsaron pie al Cártel de Jalisco, y luego, a través de los Arellano Félix, a lo que hoy conocemos como Cártel de Tijuana, y que también impulsaron a otras organizaciones criminales que lideran actualmente capos como Ismael Zambada, el "Mayo", y Joaquín Guzmán Loera, el "Chapo", o que dirigiera el extinto Amado Carrillo Fuentes, el "Señor de los Cielos", fundador del Cártel de Juárez. Todos ellos —con excepción de los Arellano, que nacieron y pasaron gran parte de su infancia y juventud en un céntrico sector de Culiacán— oriundos de estas montañas, paridos entre los cerros de la Sierra Madre Occidental.

Hoy esas mismas montañas, con las manchas de sangre y el olor a piel quemada, la humareda y los gritos desesperados de sus habitantes tronando en los cartílagos óticos, lucen fantasmales. Las matanzas entre familias de organizaciones rivales, las pugnas por el control de los cultivos y el tráfico, y la ambición generada por el negocio, mantienen asoladas las poblaciones. Y el caserío, las veredas, los maizales, sin latidos.

Actualmente hay en la sierra sinaloense unas mil 459 comunidades. Sólo seis tienen más de 500 habitantes. Ninguna llega a los mil pobladores. La mayoría son caseríos de apenas cuatro o cinco viviendas. Es la resaca de la Cóndor y de otras operaciones de este tipo, emprendidas por el gobierno, el ejército, o la policía, que sigue provocando pesadillas, derrame de sangre, destrucción y muerte, aunque sus pobladores no anden en actividades ilícitas.

Sugey huyó de esa tierra y del maltrato familiar a los 15 años, con Eligio, su novio de 18. Él se enroló en la siembra de mariguana, se compró una camioneta, cadenas para lucirlas en el torso, anillos y ropa de marca Versace. Él le dijo que agarrara la camioneta… prestada. Sugey llegó a tener entre sus dedos 10 anillos de oro y se sintió contenta. Sugey y Eligio se fueron a Culiacán.

Sugey creyó que había dejado atrás los golpes aquellos y en el lodazal del interior de su casa los llantos, las lágrimas convertidas en lodo, las rodillas irritadas, raspadas, hinchadas, abolladas de permanecer tanto tiempo en la tierra, hincada. Pero a la vuelta de Eligio, de uno de esos jales nuevos en que andaba metido, al mostrarle los primeros 100 mil pesos y aclararle que eran de él, solamente de él, Sugey reclamó. Fue la primera vez que Eligio la golpeó. Y la violó.

Empezó a entrarle al polvo, a pistear y pistear por horas, días. Había pasado de ser un sembrador de mariguana en la sierra, a ser un matón de un narco pesado. Un jefe destacado, de esos que tienen a decenas, cientos a su servicio. Esos primeros 100 mil fueron el resultado de haber cumplido un encargo, un trabajito, un jale que le encargó el patrón: matar a un fulano, a quien el jefe le tenía ganas.

Una parte del dinero se fue al banco. Ambos tenían acceso a la cuenta, pero él la aprovechó más. Sacó y sacó para sus placeres etílicos y esníferos. Le dio un poco a ella para que comprara algo de ropa y joyas. Ahora ella estaba embarazada. Cuando le dio la noticia, él no brincó ni la abrazó para felicitarla. Hizo una mueca y le lanzó una mirada de indiferencia. Levantó los hombros, dio la media vuelta y se fue.

Eligio tuvo otro jale, en navidad de 2005. El pago esta vez no fue tan alto, pero sí de trascendencia: 50 mil pesos en efectivo. El sujeto ultimado no era tan importante.

Sugey recibía cada vez más golpes, vejaciones, gritos y regaños. A finales de 2006, decidió dejar a Eligio. Había aguantado mucho por su hija, porque pensaba que le llegaría la hora de tener casa propia y camioneta y ropa y joyas en abundancia. Pero sus sueños recurrentemente emigraban al terreno de las pesadillas. Sugey y su niña se fueron de ahí, a otro espacio citadino. Sugey ingresó a un prostíbulo.

Las cosas se complicaban. La hija de Sugey se enfermó. Hubo que empeñar los 10 anillos. Todos. Para comprar la medicina y curar a su hija.

Sugey no la hacía. No le alcanzaba el tiempo para cuidar a la niña. Por eso la dejó con una hermana de Eligio. Así Eligio podría verla, visitarla de vez en cuando y, tal vez, le dejaría un dinerito para comprarle ropa y comida. Y Sugey, también eventualmente, acudiría a ver a la bebé. La cuñada accedió. No por Sugey, sino por su Eligio y por la niña, a la que quiere sin límites.

Sugey tiene su encanto. En el prostíbulo sabe tratar a los hombres. Los sube a las nubes, y los estrella a la hora de pagar, sin que se den cuenta. Salen de ahí complacidos, con una sonrisa que les cubre media cara, sin importar el daño provocado a la billetera.

Ahí Sugey conoció a narcos y matones. Uno de ellos la obligó a tener sexo sin condón. Con otros ha tenido que hacerlo temblorosa, con los ojos saltados: ellos sentados con un fusil AK-47 en las piernas o acostados con el arma automática a un lado o empuñando la escuadra con la mano derecha, mientras ella monta.

Algunos drogados, haciendo llamadas por teléfono celular, escoltados por 10, 15 pistoleros, con maletines a un lado, llenos de billetes, droga para todos, radios Nextel para una comunicación más rápida y efectiva. No quieren perder los millones de pesos de la operación. No tienen plena confianza. Sudan, tiemblan.

Unos son amables, no ha faltado quien se encariñe con ella y le diga: "No te quiero de mi puta, te quiero de mi mujer." No ha faltado quien le dé tres mil pesos de propina.

Nada qué ver con aquellos que dejaron a su compañera en el malecón, a las dos de la mañana. "Aquí te quedas, por pendeja", le gritaron desde la camioneta, después de abandonarla ahí. O aquellos que las raptaron a ella y a otras dos para una fiesta privada. Las llevaron con engaños a una casa de la ciudad y de ahí a un rancho. Las encerraron, hicieron con ellas lo que quisieron y como quisieron. En un descuido, en medio de la borrachera y la banda que no dejaba de tocar, aprovecharon y se fueron caminando sin rumbo, buscando la carretera. La encontraron al amanecer, porque escuchaban a lo lejos el paso de los trailers y el sonido de los frenos de motor. Y vieron las luces. Terminaron ahí, pidiendo aventón, casi sin ropa y espinadas de brazos y piernas por ese andar arbitrario por el monte. Una de ellas se acordó que ni siquiera les habían pagado. Sugey le contestó que no fuera pendeja, que lo que importaba era que estaban vivas.

Sugey dice que no le han sobrado invitaciones de hombres con dinero, con poder, para sacarla de ahí: "Me dicen que me ponen departamento, que me dan dinero, y pues me voy con ellos." Ella ha accedido, pero al rato, al poco rato, regresa por más y más dinero, al burdel. Ellos, que viajan, que no lo ven todo, que no la vigilan, se dan cuenta. Y la despiden.

Ha llorado a tantas despedidas. Porque en este trajín se ha topado con hombres buenos, como aquel muchacho moreno, guapo, buena gente. O aquel policía federal que va y viene, que luego anda en Brasil y al rato le llama de Colima.

A esos les ha llorado. Y también a sus billeteras. Tres mil pesos cada semana, sólo para ella. Y si quería más, bastaba con una llamada. Le soltaban y soltaban dinero. Y yo de puta. Y se le salen las lágrimas de nuevo. Las mismas lágrimas de las palizas, sus padres en la sierra, la pobreza, los golpes de su esposo, su hija con su cuñada, y su vida sin camionetonas, joyas, ropa.

Un sábado, un viejo cliente del prostíbulo quiso llevárselas a todas a la sierra. A la patrona le pareció peligroso, pero ante la insistencia de sus protegidas, accedió con la condición de ir también ella. Es una mujer de tetas operadas y costillas extraídas. El bisturí ha sido generoso con ella. Es atractiva pero esa voz chillona, como de gente de la sierra, la delata y la acorrienta. Y le entra, no con todos ni siempre, para agarrar un dinero extra y agotar placenteramente los extremos erguidos de los hombres.

Se las llevaron en una camioneta nueva. El conductor iba callado y tranquilo. Sugey rezaba y se imaginaba sobando un rosario, encomendándose al todopoderoso. El hombre se detuvo en una ranchería y se bajó. Entró a una casa y salió con un fusil AK-47 y una pistola fajada. No les dijo nada. Ellas estaban aterrorizadas. Subían más, hacia la sierra.

Llegaron cuando empezó a oscurecer. Se repartieron los hombres: cuatro soldados para cada una. "Son un regalo", les dice el hombre. "Se las manda el jefe." Uno de ellos, el oficial, un teniente del ejército, sonrió gustoso. Llevaban semanas sin tocar una piel, puros fierros oscuros de los fusiles G-3. "Este es para mí", dijo la patrona, apurándose. El oficial era el más joven, un guajolotillo tierno y bien parecido, recién egresado del Colegio Militar.

Se metieron a las casas de campaña. No se veía nada. Así pasaron la noche, uno por uno. Jadeos que nadie sabe en qué rincón oscuro nacen y que se multiplican y reparten en esa zona de la montaña.

A las mujeres les dio hambre después de las horas. Los militares sólo tenían algunas latas de vegetales y paquetes de galletas. Galletas rancias, vencidas con sabor a cartón. De todos modos se las comieron.

Hora de pagar. El mismo individuo que las subió un día antes fue por ellas. Todo bien. Los militares no podían con tanta felicidad. Oasis en medio de la jornada de destruir plantíos de mariguana y amapola, esculcar viviendas, detener gente armada, perseguir y perseguir.

Días y noches de sudores fermentados, como esas galletas. Sudores con dosis de adrenalina. Por una noche descansaron del pavor por la vereda, por los caminos, por los plantíos con cola de borrego. Pavor a ser cazado como un venado entre dos cerros.

Ese mayo hubo muertos de todos los bandos: de las bandas rivales del narco, de la policía, los federales aún con sus convoyes y sus uniformes tipo robocop, y militares. Durante los primeros días del mes, en Culiacán, hubo siete muertos en un enfrentamiento y todos son de la policía. Cuatro más en un ataque sorpresivo, en pleno centro de la ciudad, por la calle Rosales, entre Juan Carrasco y Obregón, y todos eran federales. Las fachadas de los negocios quedaron perforadas, los vidrios cuarteados, estrellados. Hay perforaciones en los postes de los arbotantes, en los semáforos Y también tienen orificios de disparo de arma de grueso calibre los señalamientos viales.

Y todo a pesar de que Culiacán y la zona de la sierra tienen a unos tres mil efectivos del Ejército Mexicano, que a principios de mayo iniciaron en Sinaloa el operativo especial Culiacán-Navolato, en el que también participan elementos de la Policía Federal Preventiva y corporaciones locales.

Y los militares allá, en el edén de los cuerpos de esas cinco mujeres, cálidas y dispuestas.

Una de las asistentes confirmó que en esa ocasión les pagaron cuarenta mil pesos: "La madama nos dio seis mil a cada una y ella se quedó con el resto. El teniente iba bien cambiado. También feliz, recién bañado. Se le acercó a la jefa y empezó a hablar, pero dirigiéndose a todas. Entonces sacó el pecho, se puso muy serio y rápidamente borró esa sonrisa estúpida para lanzar la amenaza: "No cuenten nada, no digan nada de esto, porque a mí me va a ir muy mal, pero a ustedes peor", de acuerdo con el testimonio de Sugey.

Abajo, en la ciudad, esa noche acababan de matar a varias personas. Seis muertos fue el saldo total. Y ellas allá, de orgía con los militares.

Sugey dice que todos creen que ella es una mujer alegre, festiva, pero ella dice que no, que sufre mucho y que está harta de estar todas las noches expuesta a pistoleros, drogos y asaltos.

"En realidad soy rebelde. Me encabrona tanto tiempo para nada. Tanto tiempo perdido. Y me canso. Ahora estoy cansada y quiero salirme. Pero ya nadie me lo ha pedido... me harta tanto desvelo. Y no sé qué hacer..."

Trae 10 pulseras, ocho de ellas de oro. Le dio por ponerse en sus dedos anillos de plata. Las uñas con colores azul y rojo, con incrustaciones de piedras que brillan, le salieron en 300 pesos, pero ella quería las de 500.

Es morena, bonita, chaparra y de caderas abultadas. Anda con un taxista que a la vez sirve a un señor que tiene lana y está en el negocio. Ya no son los mil, dos mil y tres mil pesos que le daban los amantes en turno, los que querían rescatarla del burdel. Ahora son los 300 pesos a la semana y en ocasiones un poco más, cuando anda ajustada. La chamba ha bajado mucho, casi a la mitad, y apenas agarra mil o mil 500 cada dos semanas. A sus 26 años con esa mirada pizpireta, que apunta y dispara, sabe moverse, dirigirse a los hombres, y venderse.

Dice que tiene clientes que llegan en sus Cheyenne, las Lobo y Hummer, a buscarla, que sigue siendo cotizada. En eso suena el radio Nextel. Lo aparta del teléfono celular marca Motorola, y contesta: "¿Mande mi amor?"

Fiesta privada

La invitaron a una fiesta y ella no la pensó. De todo lo que escuchó lo único que le pareció raro era que la fiesta no iba a ser en Culiacán, sino en el estado de México. Y que todos irían en un vuelo privado.

Pero ella no tenía por qué preocuparse. Todo pagado.

Su amiga era novia de otro amigo. Ella conocía a una familia. La familia tenía un hijo que vivía allá, en el centro del país, y él era el festejado. "Cumpleaños feliz", le cantaron, todos, a coro, detrás de esas paredes gordas y grises.

La fiesta privada que ella se había imaginado era en un salón de hotel. Un local grandote y lujoso. Los meseros tras los invitados. Mesas, manteles, flores, bocadillos, bebidas, buena cena, cubiertos de plata, la tambora o una banda-orquesta. Se imaginó todo eso porque la familia tenía dinero y le gustaba usarlo, más cuando se trataba de una fiesta de cumpleaños de uno de sus miembros.

No se equivocó del todo: la fiesta era de lujo. Había meseros, aunque no muchos. Mesas y manteles también. Estaba la parentela completa. Los invitados del festejado al mismo tiempo eran vecinos, amigos, conocidos y socios. Bebidas y comida excelente.

Al lugar las visitas entran con un distintivo. Ropa de un solo color, pero los viajeros llegaron con el atuendo que quisieron y nadie les dijo nada.

El festejado era un joven alto, bien parecido y simpático. "Oye, mira, te voy a presentar a una amiga", le dijeron al festejado cuando le llevaron a la muchacha. "Ah, mucho gusto. Qué bueno que viniste. Ya me habían hablado de ti."

Él se movía con una calca en la espalda: era su guarura, otro tipo alto, tanto como él, que no se le despegaba, que le era más fiel que su propia sombra, que se confundía con la parte posterior de su cuerpo. El guarura tenía una sobaquera cruzándole la espalda, con un chaleco de esos que traen los guardias presidenciales y la mano derecha siempre metida en el costado izquierdo, como pegada, como esculpida. El cuerpo del custodiado podía perderse en la monumental silueta del escolta aquel.

El festejado y la chica iniciaron una conversación tramada, llena de nudos, entrelazada, cercana, íntima.

Los que no eran parientes saludaban al festejado sin mirarlo. Ese era un ritual de la discreción y la seguridad, de respeto, agradecimiento y admiración. Pero el festejado ni ponía atención al protocolo, él estaba clavado en esa conversación. Tomó a la chica del brazo varias veces. También le acarició la cintura, rodeándola, amigable. Ella se dejó querer. Estaba seducida por su simpatía, pero también por la fiesta y los regalos.

Él se entusiasmó, quedó en llamarle por teléfono.

Los viajeros regresaron a la ciudad de origen.

Al otro día él le llamó a la muchacha. Platicaron pero ya sin aquella calidez. Él le dijo: "Ven cuando quieras, mando por ti, yo pago todo, qué necesitas. Lo que sea, no más avisa, dime." "No, gracias. Después lo vemos, yo te aviso."

Pasaron días y varias llamadas, hasta que ella le tuvo miedo y le dijo: "Ya no." La pensó dos, tres veces. "Por qué", preguntó él. "Me caes bien. Pero la verdad tengo novio." Era mentira para desafanarse de aquél. No le pareció buena idea acercarse tanto al fuego, meter la mano a la hoguera, estar en medio de la balacera. Así lo sintió, peligroso. La pensó bien.

"Está cabrón eso de tener un novio así, pesado", comentó la entrevistada, cuyo nombre se mantiene oculto por seguridad, "siempre custodiado, con dinero eso sí, y poderoso. Pero en la cárcel. De qué sirve tanta fiesta y tanto lujo ahí, entre barrotes. Está cabrón".

Sin deberla, pero siempre temiéndola

Una niña junto a la cruz en memoria de María Sagrario
González Flores, una joven asesinada en 1998,
cuya muerte llevó a la creación del organismo no
gubernamental Voces sin Eco, que pintó cruces en las
principales avenidas de Ciudad Juárez, para que los
crímenes de mujeres no se olviden. Ciudad Juárez, 16 de
abril, 2009. (AP Photo/Rodrigo Abd)

Bala perdida

Rigoberto Imperial era narco y traía broncas. Sus enemigos lo buscaron y al encontrarlo lo cazaron a balazos: cayó sobre la banqueta de una importante calle de Culiacán. Casi al instante, caía también Jesús Nancy Valenzuela Lugo. Pero ella no tenía broncas ni cuentas qué saldar. Eran las mismas balas que dispararon los sicarios contra Imperial, quien aparentemente operaba para el Cártel de Sinaloa, específicamente para Ismael Zambada García, el "Mayo", las que mataron a la joven maestra, cuyo "error" fue salir a la puerta de su casa a despedir a una amiga.

El doble homicidio fue en mayo de 2002. Recién acababa de pasar el festejo del día del maestro.

Según un estudio del Observatorio Ciudadano Nacional del Feminicidio (OCNF), el Estado de México, Sinaloa y Jalisco tienen la mayor incidencia de homicidios de mujeres.

De acuerdo con la investigación realizada a nivel nacional por este organismo, casi la mitad, es decir, un 45 por ciento de las víctimas, tenían entre 21 y 40 años de edad, tendencia similar a la que ocurrió en el 2007, a la del primer semestre de 2008.

En Sinaloa, por ejemplo, en el 2008, sobre todo durante la segunda mitad, cuando arreció la guerra entre los cárteles del narcotráfico, fueron muertas alrededor de

55 personas que nada tenían qué ver con el crimen organizado. Su error fue haber estado en la esquina, esperando el taxi o el camión de transporte colectivo, tras un mostrador ofreciendo un producto o acompañando a alguien que tenía cuentas pendientes con los capos de la droga, en el interior de un automóvil.

Según los datos de este organismo estas tres entidades concentran alrededor del 80 por ciento de las muertes violentas de mujeres en el país.

En el caso de Sinaloa, en el año 2001 las estadísticas indicaban que la cifra de mujeres muertas en actos violentos oscilaba por debajo de los 40 casos anuales, mientras que en los dos últimos años sobrepasaron los 50 homicidios, a pesar de la creación de dos agencias especializadas por parte de la Procuraduría de Justicia del Estado.

En esta entidad, el 2008 hubo 52 asesinatos de mujeres, y en los últimos ocho años la cifra da en total 351. La mayoría de los casos corresponden a Culiacán.

De acuerdo con los datos del Instituto Nacional de Estadística, Geografía e Informática (INEGI), de cada 100 mujeres de 15 años y más, 62 han padecido algún incidente de violencia. La violencia más frecuente es la ejercida por el actual o último esposo o compañero, declarada por el 40.1 por ciento de las mujeres; le sigue la violencia en la comunidad padecida por el 32.5 por ciento de las mujeres, y se pronostica que alcanzará a cerca del 49.7 por ciento de la población en Sinaloa en el 2009.

En esta entidad la violencia lacerante y escandalosa tiene su origen regularmente en el narcotráfico. Los vendedores, traficantes y operadores involucran a las mujeres, algunas de ellas esposas o amantes. Y muchas de las víctimas ni la deben ni la temen, pues están al margen del negocio. Pero aún así la pagan, como pagó Jesús Nancy Valenzuela Díaz, de 34 años, maestra de preescolar, cuyo pecado fue haber salido a la puerta de su casa, en un clasemediero barrio del norte del país, a despedir a una amiga que estaba de visita. La amiga llevaba un bebé en los brazos y habían estado departiendo en la sala de la casa.

En estas ciudades del mal no hay lugar seguro. En Sinaloa estar en el sitio equivocado puede ser estar en la propia casa, el vehículo o la fiesta infantil de los vecinos. Balas "perdidas" y ajustes de cuentas llegan hasta estos espacios y dejan como víctimas a personas que se "equivocaron" de momento y de lugar.

A la maestra le gustaba leer periódicos durante las mañanas, antes de irse al trabajo. En este ejercicio de lectura se enteraba de los índices de violencia, la criminalidad, las víctimas inocentes, y se lamentaba invariablemente de esta letanía mortal. Así se lo decía todos los días a su hermana, quien prefiere conservar el anonimato: todavía soba el crucifijo que le cuelga en el cuello y habla en voz baja, como rezando, cuando se refiere a la muerte de su ser querido. A Jesús Nancy le bastó con estar en la puerta de su casa. En el umbral ambas escucharon las detonaciones, las ráfagas de fusil AK-47 disparadas contra Rigoberto Imperial, quien trató de escapar de sus victimarios en automóvil y luego se bajó de la unidad para alcanzar una caseta de teléfono público, instalada a la orilla de la banqueta. Su amiga se tiró al piso y le gritó que también se echara al suelo. Jesús Nancy cayó también, pero herida de muerte: un proyectil calibre 7.62, considerado de alto poder, le había dado en la cabeza.

El cadáver de Rigoberto Imperial quedó tendido en el pavimento. Jesús Nancy quedó sin vida con medio cuerpo en la banqueta y el resto atravesando la puerta.

La caseta de vigilancia está a una cuadra de la casa donde quedó la joven, quien tenía varios años dando clases y estaba realizando gestiones para conseguir una plaza en el magisterio. A Rigoberto Imperial le compusieron un corrido. De Nancy y de sus avatares para conseguir una plaza de docente pocos se acuerdan.

La familia de la maestra sigue ahí, arrinconada, encerrada en su propia casa, por esa calle empedrada, muy cerca del centro de la ciudad. Nadie quiere hablar de Jesús Nancy porque les duele. Un pariente accede a platicar, pero lo hace quedo, casi a escondidas de sus padres y del mundo que está más allá de las paredes frontales de la vivienda. Teme por su vida, tiene una mezcla de temor y rabia contenida. Que nadie sepa y que no se le mencione es la condición para hablar, porque los parientes siguen viviendo ahí y los asesinos siguen matando.

Las autoridades estatales y algunos empresarios se esmeran para que el nombre de Sinaloa se relacione con el tomate de exportación, los camarones y el aguachile (platillo regional de camarones curtidos con limón, con chile, sal, cebolla y pepinos), o la tambora, la banda. Pero no: aquí rifan los cuernos de chivo, las camionetonas con vidrios oscuros, las botas de pieles exóticas y los cintos piteados. Los sonorenses que visitan esta entidad dicen en tono de broma que en Culiacán hay que pedir la coca "con apellido": Coca-Cola, para evitar confusiones.

El narcotráfico se cuela por los poros de la vida cotidiana. Cuando mueren familiares, amigos o personajes públicos muy queridos, la gente se lamenta y condena a los narcos, a la violencia y a la impunidad. Hasta realiza manifestaciones de repudio a la inseguridad, exige que el gobierno haga algo.

Pero la miel y los billetes provenientes del narco han llegado lejos. Se expanden y distribuyen. Las familias se asustan cada vez menos de que las hijas o los hijos departan con quienes están en "el negocio", o se enganchen con esta casta de ricos instantáneos en calidad de amantes, mandaderos o matones.

En Sinaloa, en el periodo del gobernador Antonio Toledo Corro, en los 80, las muertes violentas alcanzaron un promedio de mil 200 por año. Con Juan Millán Lizárraga como mandatario, a finales de los 90 y principios del 2000, la cifra fue de entre 500 y 600. Fue Millán Lizárraga, un ex líder de la Confederación de Trabajadores de México, ex senador del PRI y ex secretario general del Partido Revolucionario Institucional en los 90, quien dijo, siendo gobernador del estado, que al menos el 60 por ciento del dinero que circulaba en la entidad tenía su origen en el narcotráfico. Durante su mandato las ejecuciones conservaron el promedio anual de 500.

El narcotráfico en Sinaloa es condena y muerte pero también fiesta y cinismo: una taquería abrió sus puertas recientemente y para atraer clientes el dueño colgó un maniquí de buena manufactura en lo alto de un poste. "El Colgado", se llama el lugar. Le puso pantalón de mezclilla, cinto piteado, botas de piel exótica, sombrero y camisa a cuadros, tipo tejana. Los que pasaron por el lugar se asombraron y algunos terminaron espantados. El singular homenaje a la muerte hizo que se pararan por ahí los empleados de empresas funerarias, agentes del Ministerio Público, policías y uno que otro que quería levantar su "reporte" de un nuevo homicidio para el "patrón". El establecimiento quebró a los pocos meses.

Es la muerte fácil que a todos puede esperar hasta en la puerta de la casa, a la vuelta de la esquina, detrás del aparador de una papelería, en el centro comercial o en el atrio de una iglesia. La máxima aquella de que el que nada debe nada teme ha dejado de tener vigencia aquí: todos temen y no necesariamente deben.

Hay otra pariente de Nancy en esa casa de clase media, más allá de esos barrotes, de esas cámaras de video que cuelgan del techo y de ese timbre que permite ver al visitante sin tener que atenderlo personalmente. Esa es su cárcel. Y hogar.

Ahí vive desde pequeña. Y dice: "Tengo miedo." Y sí: se le ve en el rostro, en esa mirada que brinca, en esos ojos que parecen moverse como su lengua. Es la histeria, pero también la sicosis, el terror, la paranoia y todo junto.

Accede a hablar con los visitantes porque conoce a uno de ellos. En la calle empedrada hay calma. Los negocios empiezan a cerrar. Poco movimiento peatonal y de carros. Son las siete pasadas y el sol cae.

Ella dice, dice y dice. Tiene la voz temblorosa pero le alcanza el ritmo, la velocidad y las palabras para decir que ella le entra. Yo le entro al narco, a ser matona, a andar en ese negocio. "Y es que ellos, oiga, tienen todo garantizado, ganan buen dinero. Por ahí andan, en sus carros lujosos. Hacen lo que tienen que hacer. Terminan con sus enemigos. Y la policía nunca les hace nada. Yo le entro, de veras. Con tal de no andar con este miedo de salir, de estar en la calle, tranquilamente. Pero no, oiga, no puedo: tengo a mis hijos y los quiero mucho. Cómo voy a andar en esos negocios", cuenta.

Su rutina diaria es pura repetición: levantarse, bañarse, dar desayuno, ir a dejar a los niños a la escuela, cuidar a los padres, cuidarse ella, cambiarse para ir a trabajar, pasar de regreso con los niños y hacer rápido la comida.

Tiene en la cochera un rincón para ella y su pariente muerta. En la pared una fuente que parece silenciarlo todo con ese sonido musical. Al fondo una banca de cantera rosa que la espera. De frente, en la pared, la foto de la extinta, flanqueada por dos veladoras. Ahí aparece Nancy sonriente y bien vestida. Es su familiar, la maestra. En la foto tiene un vestido claro. Pueden descubrirse destellos en su sonrisa. Guapa. Tenía 34 años entonces.

La familiar dice que la extraña, que más que parientes eran amigas. Que se habían prometido envejecer juntas y convertirse en un par de señoras chismosas. Ríe con el recuerdo pero se le salen las lágrimas.

Las cámaras de video están encendidas. Una cerca perimetral se alza sobre la barda de la fachada de la casa: son alambres electrificados, de aproximadamente medio metro de alto. "Y aún así se han querido meter, oiga."

Todavía pocos días antes se habían parado unos señores frente a la casa. Traían armas y los rifles salían por la ventanilla de las camionetas. "Yo hablé a la policía. Y la señorita, híjole, me contesta que mientras no hagan nada todo está bien."

Pero pasa seguido: gente sospechosa que se queda enfrente. Otros que pasan y pasan, despacito, volteando para la casa. "Pero ya sabe: la policía no hace nada y ellos siguen muy campantes.

"Yo tengo rabia, impotencia, frustración. Es como si me hubieran matado a mí y a mis padres y con ella. Ellos no están tan viejos para andar con esos padecimientos. Que el cuerpo enronchado, que el corazón. Y hay que llevarlos al doctor.

"Y es que su pecado fue salir a la puerta. Ay, oiga. Si yo pudiera revivirla, estar con ella. Si pudiera... matarlos a todos."

Mujeres de Copaco

I

En Copaco, una población rural cercana a la serranía de apenas unos 150 habitantes, la muerte estaba activa y tenía permiso: 26 personas originarias de esta comunidad fueron asesinadas a balazos, algunos de ellos con salvajes actos de tortura, de principios de 1999 a finales de 2000.

Copaco está en Culiacán. Al sur, por la carretera México 15, a unos 20 minutos de la ciudad, y luego hacia el oriente, rumbo a las montañas. Tradicionalmente se siembra estacón y vara blanca, que se usa en los surcos para el cultivo de hortalizas en los extensos valles agrícolas de Sinaloa. Pero los narcos del lugar, liderados por Javier Torres Félix, a quien llamaban el JT, pretendieron obligar a sus pobladores de esta comunidad y otras tres aledañas, a que vendieran sus tierras o bien accedieran a sembrar mariguana.

Algunos, como dos mujeres y sus familias, se opusieron. Algunos. Muchas de estas personas estaban emparentadas y divididas en cuatro apellidos —Carrizoza, Torres, Cabada y Quintero—, y habían convivido durante años sin grandes problemas, compartiendo lo mismo fiestas que sequías, que luego pasaron a venganzas y velorios.

El primer evento violento fue espantoso. Llamó la atención de los pocos habitantes de Copaco, Santa Cruz de Alaya, El limoncito y Palos blancos.

De acuerdo con los registros de la Policía Ministerial del Estado, en enero de 1999, en la comunidad de Palos Blancos se sumaron las primeras muertes criminales. Las víctimas fueron identificadas como Guadalupe Mendoza Martínez y su hijo Lauro Mendoza Carrizosa, ultimada por varios hombres armados. Cuentan los lugareños que Javier Torres y algunos de sus pistoleros los interceptaron en el monte y les dijeron que tenían ganas de matar "no más a dos" y que dejaron ir al tercero, otro de los hijos de Guadalupe.

Don Lupe era un señor tranquilo, que le apostaba a no meterse en problemas, pero que tenía diferencias con el capo aquel. Versiones de familias indican que los homicidas amarraron a las víctimas a un árbol y los destrozaron a balazos.

Ella se enteró, entre el azoro y la indignación. Jóvenes pistoleros que nacieron en estos poblados habían alimentado las filas de la delincuencia al servicio de ambos bandos: los Arellano Félix, del Cártel de Tijuana, e Ismael Zambada, el "Mayo", del Cártel de Sinaloa, al que servía el JT. Los que emigraron a Tijuana, para trabajar con los Arellano, conformaron un grupo de sicarios conocidos como "los culichis", según reportes de la Procuraduría de Justicia de Baja California y de la misma Agencia Antidrogas de Estados Unidos (DEA).

Ella sabía que era el inicio de una guerra que iba a terminar con la vida de todos ellos, ajenos o partícipes de tanto evento sangriento.

Por eso, le dijo a su tío que se fuera del pueblo y no se metiera en problemas. Pueblo chico, muerte grande. Y todo sereno. Calma chicha. Pero el tío desestimó los consejos. Respondió que conocía a Javier, que lo había tratado desde niño y confiaba en que todo se arreglaría con él, hablando.

Para entonces la lista aumentaba. La muerte de aquel anciano y su hijo requería una respuesta y se la dieron: varios homicidas enemigos de Torres ultimaron a tiros a una persona también de edad avanzada, que era tío del JT, pero también de ellos, cosa que no les importó. En circunstancias similares fueron asesinados Raymundo Avendaño Torres y su hijo Severino Avendaño López.

Ella era alta y blanca, robusta y guapa. Ya no vivía ahí, entre los pobres de Copaco, pero regresó inmediatamente después de saber lo de su tío, quien finalmente fue ejecutado a balazos, después de haber sido pateado hasta que le fracturaron los huesos de la nariz y las costillas.

La joven mujer, erguida y con las lágrimas brotando y cayendo, tomó una 45 y acudió al pueblo. Impidió que le hicieran la autopsia al cuerpo de su tío y esperó en vano en el zaguán de su casa la llegada de los asesinos. Acudió a la partida de la Policía Municipal y la atendió el comandante. Les pidió que vigilaran mientras lo velaban, pero el jefe de la policía, que había dicho que sí, no acudió ni envió custodia.

Después los familiares se enterarían: Javier Torres, quien los mandaba y controlaba todo en esa zona, les había ordenado que no acudieran "a ese velorio, al velorio de ese perro".

Pero en Copaco los perros no estaban muertos. Ladraban, aullaban.

II

Javier Torres Félix era su nombre completo. Inició en el mundo del crimen organizado al servicio de Manuel Salcido Uzeta, conocido como el "Cochiloco", y a su muerte siguió con Ismael Zambada García, el "Mayo", uno de los capos más importantes de México. El pistolero fue considerado durante mucho tiempo el favorito de Zambada. Fuentes de la Procuraduría General de la República (PGR) y de la Secretaría de la Defensa Nacional (SEDENA) le atribuyen decenas de asesinatos y operaciones ilícitas sobre todo en Culiacán.

En la ciudad paseaba con una veintena de hombres armados con pistolas y fusiles AK-47, en camionetas de modelo reciente. Muchas veces también era custodiado por agentes de las corporaciones locales. En muchos círculos sociales no se le mencionaba, en otros infundía respeto y temor por sus influencias en las esferas políticas y policíacas, y también en el mundo del narcotráfico. El JT era omnipresente, pues lo mismo se decía que había asistido a apadrinar una boda a una colonia de Culiacán, que había cometido varios asesinatos el mismo día y a la misma hora, pero en una comunidad rural a treinta kilómetros de la ciudad. Javier Torres era, para muchos, trashumante e innombrable.

El 28 de enero de 2004, de mañana, fue detenido por efectivos del Ejército Mexicano en una supuesta casa de seguridad que muchos aseguran era su residencia, en el fraccionamiento residencial Colinas de San Miguel, en Culiacán. La noche anterior había participado en un enfrentamiento con efectivos militares, en la región conocida como Valle de San Lorenzo, al sur de esta cabecera municipal. Un convoy de militares, al parecer, les ordenó que se detuvieran. La caravana de unidades motrices en la que iba el JT y presuntamente un capo "pesado" del narcotráfico, no sólo evitó detenerse, sino que abrió fuego contra los uniformados. Uno de ellos, identificado como Julio César Samayoa Sarabia, cabo del ejército, murió en el lugar.

Desde temprano arribaron a Culiacán elementos del Grupo Aeromóvil de Fuerzas Especiales (GAFE), del ejército, para efectuar la detención de Torres Félix.

"Aproximadamente a las nueve de la mañana y en un espectacular operativo que aplicó horas después en el fraccionamiento Colinas de San Miguel, cerca de 100 soldados de elite se introdujeron a la mansión ubicada en la calle de San Cayetano 824, en donde aprehendieron al JT y decomisaron al menos cuatro fusiles AK-47 y una camioneta Jeep Cherokee, placas de VHA-9115", reza la nota publicada por el diario *La jornada*, en la sección Política.

El operativo estuvo encabezado por el general Antelmo Jiménez, comandante de la Tercera Región Militar, con sede en Mazatlán, y terminó alrededor de cuatro horas después. El detenido estaba solo en el interior de la residencia, fue sacado por los militares y subido a una unidad de la SEDENA, para luego trasladarlo al aeropuerto y de ahí a la Ciudad de México, donde fue recibido por fuerzas especiales del ejército y entregado posteriormente a la Procuraduría General de la República.

Casi tres horas más tarde el lugarteniente del "Mayo" fue puesto a disposición de Arturo César Morales, juez Tercero de Distrito, con sede en el Reclusorio Norte, quien desde mediados de 2003 giró a la PGR la orden de aprehensión con fines de extradición contra Torres Félix, a quien autoridades de Estados Unidos ordenaron detener por los delitos de asociación delictuosa, conspiración, importación y fabricación de cocaína.

En el expediente se acusa a Torres Félix, Zambada García y a su hijo Vicente Zambada Niebla, el "Mayito" o "Vicentillo", de introducir más de 20 toneladas de cocaína a Estados Unidos y de participar en transacciones de droga por un valor superior a 66 millones de dólares entre 1992 y 2002.

El JT fue extraditado a EU el 29 de noviembre de 2006, horas antes de que Vicente Fox dejara la presidencia de la República. Su trayectoria está copada de asesinatos, venganzas, operaciones ilícitas y detenciones impunes.

En el municipio de Mazatlán, Sinaloa, fue detenido el 15 de junio de 1990 y salió en libertad semanas después. Esa vez pudo deshacerse de varios de los delitos que se le imputaban y logró la libertad bajo fianza.

En California, a principios de 1992, fue procesado y sentenciado —con un grupo de al menos cuatro cómplices— por conspiración para traficar cocaína y posesión de ganancias provenientes de la venta de estupefacientes, bajo el caso penal BA 063312 en el Tribunal Superior del Condado de Los Ángeles California. Javier Torres se declaró culpable de dos cargos por conspiración para transportar cocaína, y de un cargo por posesión de ganancias provenientes de la venta de drogas prohibidas, por eso le dieron poco menos de cinco años de prisión. A su regreso a México para reintegrarse a sus actividades delictivas, el 27 de mayo de 1997 fue detenido por la entonces Policía Judicial Federal en Cancún, Quintana Roo, con un cargamento de 348.1 kilogramos de cocaína. También fueron aprehendidos Ramón López Serrano, el extinto Raúl Meza Ontiveros y Manuel Meza Zamudio.

En estas comunidades de los municipios de Culiacán y Cosalá su nombre hace recordar abusos, ejecuciones y masacres, perpetradas por él o bien en su contra, por parte de sus enemigos, los Arellano.

Informes de la PGR indican que en febrero del 2001, los Arellano Félix intentaron matarlo en la comunidad de El Limoncito, en Culiacán, el día de su cumpleaños. En la llamada masacre "del Limoncito", en Sinaloa, murió su hermano y otras 11 personas, pero él logró salir de ahí con vida antes de que llegaran los sicarios. En el lugar fueron recolectados 96 casquillos para fusil AK-47 y AR-15, de acuerdo con los reportes de la Procuraduría General de Justicia de Sinaloa.

También hay en su trayectoria fallidos operativos de captura, como aquel de octubre de 2001, cundo el JT se escapó con el "Mayo" Zambada de un operativo del ejército realizado en el municipio de Cosalá.

III

Madre de cinco, a sus cuarenta, se había convertido en una mujer dura, seca, altiva y gritona, pero sin llegar al abuso. Estaba emparentada con la familia contraria a el JT, y aunque no se había metido en líos, su apellido era ya de por sí un problema, una amenaza latente en ese vendaval mortal de Copaco y sus alrededores.

Cuando oyó los disparos a lo lejos supo que acababan de matar a Fernandito, su hijo. Lo dijo en voz alta, como queriendo escuchar la sentencia, sentirla, compartirla.

El sendero de Copaco y esas poblaciones estaba teñido. Dos primos acababan de ser ultimados a tiros, con ráfagas de AK-47, y un grupo de desconocidos baleó la casa de uno de los capos más poderosos de la región, cómplice del JT, en la comunidad El Salado. Y en los turnos seguían más parientes, más muertos, algunos de ellos inocentes.

Fernandito había salido minutos antes. Iba en su caballo, uno negro y alto que parecía dragón. Iba a una milpa de tres hectáreas que no era gran cosa para la subsistencia. Pero era mucho para ellos y de ahí comían él, sus hermanas y su madre.

Tierra de ellos, pero también de nadie, de acuerdo con la ley de la selva, del monte, del oeste de películas gringas. Ellos siembran maíz y riegan su parcela con su sudor. Otros, ahí cerquita, siembran mariguana y tienen motobombas, los custodia la policía y el ejército, traen camionetas de redilas y motocicletas de cuatro llantas todoterreno. Ellos, los pobres, ya estaban acostumbrados a la desesperanza. Los otros lo tienen todo: si quieren le pellizcan las nubes a su horizonte siempre despejado y prometedor.

La ráfaga de los fusiles viajó constante y fatal, entre el ramerío, los árboles, los cerros que cercan el lugar y que se hacen cómplices del eco. Acústica de la guadaña que tiene trompa de fusil automático y escupe fuego y plomo.

Fueron unos encapuchados los que abrieron fuego. El primo de Fernandito, de apenas nueve años, logró escabullirse antes de que empezaran a dispararles, sin detenerse, el niño corrió frenéticamente, entre el monte y el maizal.

Fernandito tenía 15 años. Sus hermanos estaban fuera de la ciudad, huyendo, moviendo mercancía, haciendo negocio, en Tijuana, Baja California, y otras ciudades del noroeste del país. Él era el hombre de la casa hasta que lo dejaron destrozado. La mayoría de las balas pegaron en su cabeza, descomponiéndola. Lo mismo hicieron con el caballo. El animal quedó prácticamente degollado, partido en dos por las balas. Fue un fusilamiento.

Su madre llegó al lugar. El sobrino de nueve años ya estaba ahí, temblando y queriendo no ver. Las hijas llegaron atrás. Empezaron a llorar y a gritar. Querían abrazarlo pero no hallaban por dónde empezar. Fue la madre quien tomó la iniciativa. Agarró una sábana, una cobija. La fue arrastrando, levantando con parsimonia mientras dejaba salir un llanto callado y seco al juntar los restos de su hijo.

Por aquí y por allá, pedazos de humanidad entre las yerbas, las ramas, las matas de maíz, los secos surcos. Los fue recolectando, uno a uno: pieles, cabello, sangre, cuello, brazos y toda esa escenografía macabra de alguien que antes latía y tenía vida.

Así, con ese amor de madre, conjugaba su dureza y entereza con la ternura de quien abraza a un recién nacido que le pertenece. Fue dejando cada pedazo en las cobijas, ensangrentándose las manos, hasta concluir.

Llevó el montoncito en que se convirtió su hijo. Lo puso sobre la mesa, en el patio frontal de su casa. Lo acomodó cuidadosamente, como pretendiendo no hacerle más daño. Y buscó velas. Empezó a velarlo.

No le avisó a nadie. Los policías se acercaron pero ella no los dejó llegar. Sus hijas lloraban, gritaban su nombre, abrían los brazos para asirlo a ellas, venteaban, manoteaban, se ahogaban en sus mocos y en esas lágrimas como canicas. La madre no lloró. Se contuvo. Le ganó la rabia al dolor. Una sed de venganza la mantuvo de pie. Supo que no podía avisar a sus hermanos y a otros parientes, que si les avisaba de esta muerte vendrían y se cobrarían, y así la dejó. Se quedó sola, con sus hijas y su sobrino, junto a Fernandito.

IV

Actualmente, Javier Torres Félix podría salir en libertad en los próximos meses una vez que un juez del Distrito Central de California, EU, lo sentencie a ocho años de prisión, reveló una fuente al semanario *Ríodoce*, que circula en Sinaloa.

"(La defensa del JT) ha estado eliminando atenuantes, al grado de estar en la posibilidad de reducir la sentencia a ocho años. Si esto ocurre, dice la defensa, se le acumularían a la pena los años que estuvo preso en

México a partir de que lo detuvieron en enero de 2004. Es decir, que ya habría purgado cinco años y medio, restándole solo dos y medio en una prisión estadounidense", publicó este rotativo.

Y en Copaco, El Limoncito, Santa Cruz de Alayá y Palos Blancos tienen miedo, andan con el ceño fruncido, no quieren que regrese. Temen que con él vuelvan las ejecuciones y las venganzas. Aunque éstas nunca se han ido, lo que sí han hecho otros, como la mamá de Fernandito.

Claudia

Claudia tenía 35 años. Nació en un pueblito cercano a la serranía, en un pequeño valle del municipio de San Ignacio, Sinaloa, a poco más de cincuenta kilómetros del puerto de Mazatlán. Emigró muy joven a la ciudad para estudiar la preparatoria y luego Ciencias de la Comunicación.

Su último puesto en las tareas periodísticas lo tuvo en un noticiero de radio, de emisión matutina, a mediados de los 90.

"Ella me decía, insistentemente, 'si me entero que te quieren matar, te aviso. Si me entero, me llega la noticia, te llamo. Pero te tienes que ir en ese momento, a la central de autobuses, al aeropuerto. Fuera de la ciudad, del estado, del país... si me entero que te quieren a matar' y vea lo que pasó", contó un reportero, amigo de la víctima. La identidad de este periodista se mantiene en el anonimato, por temor a represalias.

Claudia estaba preocupada por este amigo suyo, quien había publicado reportajes sobre el narcotráfico en Culiacán: esa maraña que se extiende a servidores públicos que operan como cómplices del crimen organizado, los policías que hacen el trabajo sucio, como ajustes de cuentas, y los sicarios "sueltos" que, jóvenes y ufanos, matan por capricho o por nimiedades, en cualquier calle o plaza comercial, frente a la familia, junto a niños y mujeres embarazadas, dueños de vidas, concesionarios únicos de la muerte.

"Alguna vez", agregó el periodista, "ella comentó que todo estaba muy podrido, y se lamentó por los altos riesgos que corre un reportero, sobre todo porque el gobierno y la policía, encargados de aplicar la ley, están al servicio del narco".

Los ataques contra periodistas son frecuentes. Un caso es el del reportero Alfredo Jiménez, quien trabajaba en el diario *El Imparcial*, de Hermosillo, Sonora, y había laborado en los rotativos *Noroeste* y *El Debate*, en Culiacán. Jiménez se encuentra desaparecido desde los primeros días de abril de 2005. El periodista había publicado reportajes sobre los narcos y su complicidad con el gobierno local.

"Claudia hablaba y parecía temblar", comentó el periodista entrevistado, "cada que se acordaba de casos como el de Jiménez, pero no lloraba, su forma de llorar era amar a sus amigos, cuidar a los suyos, solidarizarse con sus broncas, guarecerlos, abrazarlos, darles sombra y cobijo, y palabras de aliento, dinero, *ride*, un desayuno, una *baguette*, una comida, el café, el boleto para el cine.

"E insistía: 'Hay mucha gente en la calle, desmadrosa. Ves que están matando muchos chavos. Son morros cagados, algunos de ellos de 15, 16 años. Plebes. Plebillos que no saben ni qué es la vida. Que quieren lana, mucha lana. Traer esas camionetonas. La pistola nueve milímetros fajada. El cuerno a un lado. La música en la altura de los decibeles. Las morras pegadas, encima, sobándoles las verijas. Enjoyados, con una colgadera de oro por todos lados. Borrachos, cocos, mariguanos, que le entran al cristal y a la heroína. Que les dicen a sus jefes siempre que sí. Que andan de aprontados. Son chavos que están locos. Plebes, muchachos que siempre circulan acelerados, rebasando, cruzándose en el camino, que disparan sin importar si hay algún inocente a un lado, si alguien que no tenga nada qué ver pueda ser alcanzado por los proyectiles. Ellos disparan y ya.'"

Claudia era de mediana estatura, morena clara, bien formada: caderas como mausoleos corvos, piernas firmes y torneadas, y un talle que nadie quisiera dejar de recorrer.

Quienes la conocieron aseguran que la mayor virtud de Claudia era su inteligencia: esa mirada que parecía languidecer cuando su boca se abría para expresar lo que sentía, atrapaba los ojos de otros, tiraba de sus cerebros, daba toques eléctricos en los sentidos de sus interlocutores. Claudia era segura. Tenía la seguridad que le había dado el conocimiento, sus lecturas, ese estante de libros exprimidos y esa perspectiva crítica, terca, de cuestionarlo todo, dudarlo, y sospechar. Cuando hablaba lanzaba dardos: dardos envenenados, son como virus que llegan al otro y lo contaminan, cooptan, tambalean y enferman. Palabras y conocimiento que hacen dudar. Sus interlocutores, cuentan amigos y familiares, se alejaban de ella, como heridos, trastabillando, ladeados, pensando, hurgando, y al fin cuestionando. Cuestionándolo todo.

Gabriel García Márquez y José Saramago eran sus favoritos. Pero igual llegaron a sus manos libros que disfrutó y recomendó, como aquel de Arturo Pérez Reverte, por su historia de la narca aquella, Teresa Mendoza, Eduardo Galeano, Mario Vargas Llosa y Rubem Fonseca.

Tenía además una preocupación social. Rabia frente a la opulencia y la frivolidad, y era generosa y solidaria ante la desgracia, la pobreza y el dolor.

"Ella pensaba que todo esto podía cambiar, que las cosas podían mejorar, pero estaba segura de que la gente debía hacer algo, asumir su responsabilidad, actuar, moverse, manifestarse, criticar, y no conformarse", dijo uno de sus hermanos.

Claudia, en su calidad de comunicadora, patrulló las calles culichis con su grabadora, esa bolsa en la que cargaba su vida y la libreta para anotarlo todo. Así conoció el mundillo político local, la truculencia entre los protagonistas —periodistas, dirigentes, funcionarios, jefes policiacos, buscachambas, besamanos, culopronto y demás especímenes hedientos—, y los ubicó bien, a cada quién en su lugar, para detestarlos e incluirlos en la galería del horror, su personalísima colección de maldiciones, condenas y condenados.

Pero no se arredraba. Andaba de chile bola, de arriba para abajo, asumiendo la dinámica miserable de todo reportero, sea bueno o malo: comer a deshoras, desayunar aprisa, tomar mucho café, leer al vapor los boletines oficiales. Luego vinieron desvelos, malas pagas, dolores estomacales por la colitis, ceño fruncido por la gastritis.

"Ni modo, así es la chamba", decía, resignada.

La ciudad de Culiacán ardía. Cuarenta y cinco grados centígrados a la sombra. El chapopote parecía derretirse. Los que esperaban la luz verde del semáforo peatonal parecían desvanecerse. Los carros, vistos a lo lejos, casi se evaporaban: derretidos, amorfos, fantasmas de metal y motor, de plásticos y fierros, gusanos de humo, con llantas y frenos, cristales y música estereofónica.

Era octubre de 2007. Sinaloa tiene un promedio diario de dos o tres asesinatos. La mayoría, por no decir que todos, están relacionados con el narcotráfico. Algunas autoridades estatales han dicho que "al menos" un 80 por ciento de estos homicidios tienen nexos con el crimen organizado, específicamente con el tráfico de drogas. Sin embargo, la cifra puede llegar al 90 por ciento. Y más.

Tierra del AK-47, también conocido como "cuerno de chivo". Fusil dilecto y predilecto: muchas canciones en torno a esta arma se han compuesto, los gatilleros le declaran su amor y algunos, en los narcocorridos, le confieren vida propia. Primer lugar en la lista de armas homicidas: el cuerno. Y en segundo, tercero y cuarto quedan armas calibre .45, .9 milímetros y .38 súper.

Un mes antes, en septiembre, se habían sumado a las estadísticas 54 homicidios, en un estado que en promedio acumula 600 al año y que ve cómo se disparan las ejecuciones en diciembre y enero, cuando muchos que han emigrado a otros estados y países, como Estados Unidos, vuelven esperando que sus deudas hayan sido perdonadas u olvidadas. Pero no, las cuentas siguen pendientes, listas para ser cobradas.

En la entidad hay un operativo especial que se llama México Seguro, en el que participan efectivos del Ejército Mexicano, de la Policía Federal y corporaciones locales. El objetivo es bajar el índice de criminalidad, especialmente los homicidios, ganarle terreno al narco, decomisar armas y drogas.

Pese a esto fueron 54 asesinatos en un mes.

El periodista Óscar Rivera fue asesinado el 5 de septiembre después de salir de Palacio de Gobierno. Rivera se desempeñaba como vocero del operativo del ejército y las fuerzas federales. Ese día circulaba en una camioneta Suburban cuando fue atacado a balazos de carro a carro sobre la avenida Insurgentes, a una cuadra de la Unidad Administrativa, sede del gobierno estatal.

Un día antes, en El Habal, Mazatlán, un grupo de gatilleros masacró a cuatro integrantes de una familia. Los pistoleros mataron a Alfredo Gárate Patrón, a su esposa Alejandra Martínez y a sus dos hijos, ambos menores de edad.

El 6 de septiembre fue ejecutado de un balazo en la cabeza Ricardo Murillo Monge, quien era el secretario general del Frente Cívico Sinaloense, organismo ciudadano que dirige Mercedes Murillo, hermana del hoy occiso, dedicado desde la década de los noventa a promover y defender los derechos humanos.

Es el narco y sus semillas del terror. Por eso los narcomensajes y los perros decapitados que le dejaron al general Rolando Eugenio Hidalgo Eddy, comandante de la Novena Zona Militar, no sólo frente al cuartel, sino en sectores céntricos. Dos de ellas tenían la leyenda "O te alineas o te alineo. Gral. Eddy. O copela o cuello", y "… sigues tú, Eddy".

Son los dueños de las calles, de los restaurantes, de las chavas. Los que siempre tienen que estar encabezando las filas de los automóviles frente al semáforo en rojo. Los que rebasan por la derecha, ponen las luces altas y sacan la fusca ante cualquier reclamo. Los que jalan del gatillo, jalan a la muerte, jalan la vida, la aceleran y violentan. Los que mandan y matan.

El país se desmorona. Se va por el resumidero. Las cloacas ganan. Andan en las calles sus personeros, representantes plenipotenciarios.

Felipe era oficial del ejército. Pertenecía a un cuerpo élite entrenado sobre todo en Estados Unidos, de nombre Grupo Aeromóvil de Fuerzas Especiales, de siglas GAFE. Su especialidad: francotirador. Pero ya no estaba en calidad de militar, sino como parte del Grupo Especializado Antisecuestros, de la Procuraduría General de Justicia de Sinaloa.

Su padre había sido policía pero él tenía que ser militar. Y lo fue y llegó lejos. Llegó hasta Claudia: lectora, criticona, insumisa.

Se casaron y formaron una pareja contrastante: él, militar; acostumbrado a las armas, la disciplina, el orden; ella, ex periodista, que se había destacado por su urticaria frente a la frivolidad y a la sujeción, que se había caracterizado por rebelarse contra el gobierno y los ricos y las billeteras repletas.

Él cerrado, callado, frío, pero afable y derecho. Ella abierta, plena y diáfana. Entregada y romántica. Preocupada por la ciudad, el país y el mundo. El hambre y la contaminación. Él metido en sus armas, el cargador, los cartuchos, insignias y uniformes.

Felipe tenía a su objetivo en el centro de la mira telescópica: era un tipo fornido, sombrero tejano, botas, bien vestido, en medio de un sembradío de maíz con plantas de baja estatura. Un capo pesado. Jefe de jefes.

Avisó por radio. "Lo tengo, espero órdenes. Ordene. Espero." Silencio.

Volvió a decir por el aparato de intercomunicación: "Lo tengo en la mira". Otra vez el silencio, pero no tan largo. Y luego la orden. "Aborte. Aborte." Preguntó para confirmar. La orden fue ratificada.

Traía las rayas de las arrugas que la tensión marcó en su frente. Los dedos todavía sudorosos. Le brincoteaban los párpados. Pero seguía con los dedos firmes, las muñecas, el antebrazo y el hombro.

Era su especialidad: francotirador. No se explicó por qué le habían dado reversa al operativo, si lo tenía en el centro de la mirilla, nada más para jalar el gatillo. Pero era militar. Órdenes son órdenes. Habían preparado todo durante semanas, meses. Por fin lo tenían ubicado. Se sintió desconcertado por la orden dictada en sentido contrario. "Ellos sabrán, nosotros hicimos lo que nos tocaba. Tendrán sus razones."

Desarmó todo. Metió en el maletín el fusil. Los otros militares que iban con él guardaron el equipo. Despejaron el área. Lo hizo mientras se preguntaba por qué. Por qué el ejército no hace nada: si tiene tanta información, si tiene ubicados a los narcos. Por qué.

Habían tenido un operativo anterior: impecable. Atoraron a uno de los jefes en la carretera. Iban en convoy. No pudo ver nada, fue una sorpresa. De repente, sin darse cuenta, ya tenía a los militares rodeándolo.

Lo encapucharon y se lo llevaron. Limpio. Un detenido, cero bajas, cero disparos. Y otra vez esas dosis descomunales, inundantes, de adrenalina.

"Él, cómo extrañaba eso", comentó uno de sus allegados. "Sentir el acero del fusil en los dedos. Sentir el silencio, el momento, la orden. No por nada era de los mejores francotiradores."

Las fornituras, las condecoraciones ensartadas en ese uniforme de gala. La escuadra colgando, la cara rayada, camuflaje, los pasos hirviendo, corriendo, persiguiendo, tumbando monte en cada pisada.

Pura nostalgia. La vida de casado lo estaba aburriendo. Casado y fuera del ejército. Ahora era un oficial de la policía especializada, tenía una mujer adorable que, metida en la cocina y ocupada con los niños, lo esperaba. Ella era cabrona. Y así le hablaba él: "Oye, cabrona." Y le quería ordenar. Pero ella era insumisa y contestona. "'Por qué', 'Por qué debo hacerlo, por qué tengo que hacerte caso', le preguntaba Claudia, y pues él titubeaba, ya no sabía qué contestarle", comenta sonriente su amigo, el periodista.

Felipe había dejado de abrazar el acero frío del fusil para abrazar a sus dos hijos pequeños. Fuera de la milicia, de las armas, no era él. Otro, animal y monstruo lo habitaba. Ese otro le reclamaba qué hacía ahí, que se moviera, que se arriesgara.

Otra mujer se le atravesó. Mujer de alas. Mujer y alacrán. Ajena, prohibida. Era de armas tomar, estaba acostumbrada a mandar, a estirar la mano y pedir. Su padre, el jefe aquel, un capo de mediano nivel, le cumplía todo: el más mínimo detalle tenía que ser satisfecho. Los caprichos eran como su respirar, consentirla era darle felicidad a su reina, su diosa, su princesa, su chiquita, su amorcito, la dueña de su vida, la que lo tenía entero, vivo, contento.

Cumpliendo sus peticiones, aún las más caprichosas, la joven acumulaba en su trayectoria un vehículo del año, lujoso y deportivo, varios viajes al extranjero, incluído París y Las Vegas, y una Hummer que la esperaba en la cochera de su casa, para cuando se enfadara del automóvil nuevo, y un clóset lleno de ropa sin estrenar.

Conseguía todo lo que quería. Cuando prefirió andar con un hombre casado y su padre se enteró no le dio la contra. Estaba enamorada, a pesar de que se trataba de un ex militar, un ex agente de la policía local, con familia e hijos. Lo hizo su amante. De su propiedad.

Felipe, embrujado. Acelerado, sintió abrazar de nuevo el fusil, miró la mirilla. Otra vez la emoción. Entablaron una relación tormentosa donde el principal elemento eran los celos. En un arranque ella sacó un cuchillo y se lo ensartó una, dos veces, por la espalda. A pocos centímetros del pulmón. "Cerca, cerquita", le dijo el médico. "Te salvaste."

Felipe sintió que se salvaba, pero de la rutina. De nuevo sentía la adrenalina.

Según las investigaciones y las versiones de personas cercanas al caso, Claudia supo de ese incidente pero no por él. Le llegó la versión vía auricular: ella misma, la mujer alacrán, se lo contó. Le dijo que había sido ella quien le había ensartado el cuchillo a Felipe y que si no lo dejaba iba a matarla, con sus hijos. Como hija de un narco, la caprichosa, creía que se merecía y debía tener todo, incluso Felipe era de su propiedad, y no estaba dispuesta a compartirlo.

Al parecer, Claudia procedió con calma, pero las amenazas continuaron, primero en ese tono, y luego subieron de volumen. La identidad de esa persona se mantiene en reserva porque forma parte del expediente en manos del Ministerio Público, aunque sigue en los estantes empolvados e impunes.

El siguiente paso que dio la hija del narco fue destrozar la cochera de la vivienda de Claudia y Felipe: una madrugada, la mujer estrelló su camioneta en contra del portón de la fachada, dañándola totalmente, y alcanzando jardín y barandales.

Claudia interpuso una denuncia por daños en propiedad ajena ante el Ministerio Público, cuyo personal le advirtió que había muchos casos parecidos en la ciudad. "El agente le dijo: 'Vamos a ver, vamos a investigar, usted no se preocupe'", recordó un familiar de Claudia, quien describió al funcionario desganado y con poco interés en el asunto. El funcionario quedó perfectamente acomodado en el sillón, del otro lado del escritorio. Con una sonrisa cínica y una expresión macabra: "Hay muchos casos de estos, usted sabe, es Culiacán, mucha gente pesada, pero vamos a investigar."

Y nada pasó.

Claudia siguió en lo suyo: su casa lujosa, en lo alto de la ciudad, sus libros, los niños, la comida, la escuela.

Quiso trabajar. Empezó comprando joyas y relojes para vender. Le vendió a las ricas de alcurnia de la ciudad. Sus ventas alcanzaron a una que otra narca. Y siguió repartiendo el dinero entre sus padres y amigos, los del rancho que vivían necesitados, los conocidos, los jodidos que apreciaba. Y continuó siendo como siempre: nada en ella era frivolidad, todo era corazón, torrentes sanguíneos y pasión. Libros, grandes películas, lecturas, viajes, familia y amistades.

Y Felipe aún tenía su lado oscuro. Seguía teniendo contactos en el ejército, los narcos y la policía. Dejó de formar parte de la Unidad Antisecuestros e ingresó al cuerpo de escoltas del entonces gobernador Juan Millán Lizárraga. En el 2004, debido a una investigación federal en la que apareció su nombre, fue detenido por agentes de la Subprocuraduría de Investigación Especializada en Delincuencia Organizada (SIEDO), de la Procuraduría General de la República (PGR).

Claudia metió todo en su defensa. Abogados y familiares hicieron mucho por liberarlo. "Es un abuso, una injusticia", gritaba ella. La investigación por enriquecimiento ilícito fracasó y las autoridades federales lo liberaron dos meses después, luego de haberlo mantenido arraigado en la Ciudad de México. "Sus bienes", se dijo, "eran producto de una herencia familiar."

La hija del narcotraficante siguió llamando. Claudia ya no quería contestar el teléfono. Sabía que era la misma letanía: las amenazas de muerte en contra de ella y los niños, las advertencias, casi a carcajadas, de que se iba a quedar con Felipe, porque él era suyo y de nadie más.

Felipe estaba entre dos fuegos, dos cuerpos. Claudia no le reclamaba pero sí le dijo, hirviente y segura, que tenía que tomar cartas en el asunto, según contaron algunos familiares. "Ella le exigió a Felipe que la obligara a dejar de molestarlos y que no metiera en el asunto a los niños, que no se metiera con ellos, que hiciera algo."

La otra era rabiosa y mandona, droga, demencial y cavernaria. Claudia, inteligente, tranquila, a la defensiva, firme, lejos de la guerra selvática que aquélla quería iniciar, pero acorazando su hogar, sus hijos.

Claudia y Felipe continuaban con su vida de matrimonio normal. Un día iban por los niños, a casa. Era octubre. Octubre siempre es rojo. Octubre son los atardeceres rojos. La luna inconmensurable, ufana y fascinante, seductora, en lo alto, arriba de edificios y semáforos, más allá de montañas y de antenas y de cables. Y ese atardecer: rojo, amarillo, azul, verde, anaranjado, blanco.

En octubre el firmamento se incendia. Allá, a lo lejos, donde se acaba la tierra y copula la arena con el mar, y las olas van y vienen, allá, en la puesta de sol, adonde nadie llega, algo se incendia. Algo arde. Esto es lo bueno de vivir en Culiacán: octubre, esa luna, los atardeceres.

El amigo de Claudia, el reportero, contó que a principios de octubre, en medio del vendaval cotidiano de la violencia, de los proyectiles y los orificios sangrientos, volvió a decirle que se cuidara, que se fijara en lo que publicaba. Y le repitió: "Si me entero de algo, si sé que te quieren matar, te voy a avisar, para que te vayas en ese momento… lejos, lejos de la ciudad, a otra ciudad, otro país."

Claudia y Felipe iban juntos en la Pilot blanca. Esa que ella se quería comprar, pero con su dinero, no con el de él. Era el día 16. Un vehículo comenzó a seguirlos. Era otra camioneta, negra. Unos testigos afirman que era Cherokee y otros que Trail Blazer. Tres, cuatro sujetos. Se les emparejaban, les hacían señas.

Cuentan que se hablaron, que platicaron o discutieron. Los vecinos dijeron a los agentes de la Policía Ministerial que les pareció escuchar gritos. Felipe ya estaba fuera del gobierno, sin radios ni armas. Ella le dijo algo, le gritó, masculló: "Nos van a matar."

Los perseguidores sacaron pistolas por las ventanillas. 20 disparos, quizá más. Los agentes encontraron casquillos calibre .38 y .9 milímetros. La mayoría de los impactos fueron en la espalda, cabeza y tórax.

Los cuerpos quedaron ahí, en la cabina de la camioneta. Recostados, inertes. Fríos.

El 5 de diciembre de ese año, el padre del ex militar, un hermano y su madrastra fueron ultimados a balazos en el interior de una casa, a pocos metros del lugar donde fue ejecutada la pareja.

En las indagatorias de la Coordinación de Homicidios Dolosos y el Ministerio Público especializada en este tipo de casos, en Sinaloa, se incluyeron varias líneas de investigación. Sobresale una de ellas: las amenazas de muerte recibidas por la hoy occisa.

Y varios días después de que le dieron la noticia a la joven hija del narco, se fue. Su padre la mandó a donde ella quiso, le puso casa, le dio dinero. Versiones extraoficiales señalan que vive en otra ciudad, pero dentro del país, aunque otras fuentes aseguran que emigró al extranjero.

El amigo de Claudia, el reportero, escribe para sí, no para publicar: "Dijiste que me ibas a avisar y siempre pensé que tú irías a mis exequias, pero ahora que estás muerta, no te puedo enterrar. Soy un zombi: no hay salvación. Somos como premuertos, como precadáveres. Y ya todos estamos casi muertos."

COSAS DE FAMILIA

Fotografía encontrada en una de las casas del extinto
Amado Carrillo, alias el "Señor de los Cielos", que fue
allanada recientemente por el Ejército Mexicano.
De izquierda a derecha aparecen Amado Carrillo, su
madre Aurora Fuentes y su esposa Sonia Barragán Pérez.
(AP Photo/REFORMA)

Carolina[*]

La vida de Carolina fue marcada desde su infancia, desde que vio a su tío, Lamberto Quintero, un famoso y generoso capo de la localidad, esnifeando cocaína. Él estaba arriba de un caballo blanco, con esa guayabera manga larga, también blanca. Dentro de un frasco pequeño, con una tapadera que tenía integrada una pequeña cuchara, el polvo. Tenía la nariz blanca.

Carolina le preguntó si estaba enfermo. El tío le dijo que tenía gripa. Y se dio un pasón.

Tíos, primos, narcos. Toda la familia rodeada de traficantes. Era la década de los setenta, el imperio de las ametralladoras rugiendo hasta en los funerales. Ellos copados. Su madre, insistente, hizo esfuerzos por deslindarse, sobre todo después de que mataron a balazos a su esposo, por culpa de uno de esos parientes.

Quiso estar lejos de Rafael Caro Quintero, de Octavio Páez, quien prácticamente era dueño de Caborca, en el estado de Sonora, y de otros. Pintó la raya, aunque no fue suficiente.

Pero el abismo del narcotráfico los esperaba. Siempre, agazapado, aguardaba detrás de los matorrales, pasando la esquina, detrás de la puerta, las paredes, en la

---

[*] Nombre ficticio para proteger la identidad del personaje.

oscura mirada de una nueve milímetros, en las manos duras del novio de Carolina.

Héctor era empleado de una empresa de paquetería. Ahí se conocieron él y Carolina. Era un joven tranquilo, que no tomaba ni fumaba, mucho menos consumía droga. Pero canjeó esa mirada apacible, con destellos de buenas atenciones y palabras bonitas, de esas que enamoran a cualquier adolescente, cuando empezó a irse a Chihuahua, a la pizca de manzana. Una manzana verde, frondosa, con cola de borrego: la mariguana.

El padre de Carolina era un buen hombre. Rosalío Caro Páez trabajaba como agente secreto de un funcionario del gobierno estatal. Era un funcionario, un político encumbrado quien lo mantenía ahí, captando información en la calle, los eventos, las reuniones. Rosalío le entregaba la información para que él tomara las medidas que considerara importantes. Rosalío era policía y era honesto. Además, tenía camiones de volteo, unidades para el transporte de materiales para la construcción.

A Rosalío no le gustaban las broncas y si se metía en ellas era para resolverlas, en calidad de negociador o intermediario. Así le entró al problema que traía su primo. El pariente ese era narco y se metía en embrollos porque era gandalla: sabía del día, la hora, trayectoria, todo, cuando alguien de sus contrincantes iba a entregar algún cargamento de droga. Los sorprendía encañonándolos, superándolos en número de pistoleros y se quedaba con la mercancía. Así le hizo muchas veces, metiéndose en embrollos y metiendo también a su parentela. Y en esa ocasión le tocó a Rosalío.

Llegaron varios desconocidos a buscar a su primo. Rosalío estaba ahí, de visita, en ese poblado. Él salió a atenderlos con la intención de platicar con ellos, arreglar las cosas, tener un acuerdo. Ellos no escucharon. Era evidente que no querían negociar, sino ajustar cuentas a plomo y fuego, y como no encontraron al pariente narco, mataron a Rosalío. Tenía 42 años y su hija, Carolina, sólo siete, y también hermanos, cuatro de ellos hombres. Rosalío, que siempre daba la cara por amigos y parientes, ahora había dado la vida.

A la muerte del padre, la familia de Carolina quedó a la deriva. Sólo uno de los tíos, Lamberto Quintero Páez, fue solidario con ellos. Mientras que otros, como Octavio Páez, los abandonaron.

Lamberto siempre andaba de blanco: esa guayabera de manga larga, para ocultar el lunar grande que asomaba en su antebrazo y que lo tenía acomplejado. Llegaba en su camioneta de lujo y le gritaba a Carolina y a sus hermanos que fueran a la caja de la unidad y bajaran todo lo que tenía ahí, que era para ellos: leche, huevos, carne, verduras.

En apuros, cuando la despensa se acababa y el refrigerador enflaquecía, la madre de Carolina los mandaba a buscar a su tío Lamberto, a su casa de la colonia Hidalgo, en Culiacán, para que les ayudara con algo de dinero. Lamberto en su patio, con sus cinco, seis guardaespaldas, custodiando. Y él sobre su caballo blanco, con su frasco transparente y el polvo para aspirar, se veía encumbrado, enorme, inalcanzable. Pero no para sus sobrinos. Sacaba rollos de billetes y se los entregaba.

Carolina recuerda que "él siempre nos decía 'tengan m'ijos, denle a su madre, díganle que cuando se les ofrezca, que no hay problema, que no dude en buscarme, yo siempre voy a ayudarles', y así fue, nunca nos abandonó ni dejó de echarnos la mano".

Todavía recuerda aquella anécdota que contaba Lamberto, entre risas que siempre terminaban en carcajadas, sobre su tío Manuel, un narco que fue muy bravo con sus enemigos y con los federales. En un enfrentamiento a balazos, los agentes le reclamaron al capo por qué les disparaba con una pistola calibre .45 y él les contestó: "Porque no tengo calibre .46."

Lamberto era así, divertido, generoso y familiar. Tenía casas para sus cuatro mujeres. Y a todas atendía, igual que a los hijos que tenía con cada una de ellas. Comida, billetes, regalos, automóviles, fiestas, caprichos para todos. Jugaba con los niños y los visitaba. Amaba a su esposa y a sus parejas. Se esmeraba en nuevas conquistas, igual que en los negocios, las movidas de droga, el dinero como fruto de tanta transacción.

Lamberto era amigo y socio de Pedro Avilés y Heliodoro Cázarez Laija, el "Culichi", y enemigo de los Lafarga, una familia que le estaba haciendo la competencia en el negocio local del narcotráfico. Fueron ellos, los Lafarga, quienes lo persiguieron y acribillaron en las inmediaciones de El Salado, por la carretera México 15, aquel 28 de enero de 1975, en Culiacán. Lamberto respondió la agresión pero resultó malherido y fue trasladado a una clínica privada, la Santa María, donde murió horas después, según reportes de la Procuraduría General de Justicia de Sinaloa.

La respuesta de los socios de Quintero no fue menos violenta. En una de esas jornadas fueron abatidas a tiros 10 personas. Los bandos compartieron balas y ráfagas, pero también muertos.

Carolina, al ser todavía una niña, vio su vida lacerada, empequeñecida y triste, por la pérdida de su padre, y por los contrastes: su pobreza que los orillaba a pedir dinero para pagar la luz y el agua, y a comer lo que les mandaba su tío Lamberto, y la riqueza de sus parientes, algunos de ellos cercanos, cuyos hijos quemaban los billetes de 20 pesos, recién salidos al mercado, para prender cuetes en navidad y año nuevo.

Al iniciar los ochenta, Carolina llegó a los 17 años y acudió con sus hermanos y madre a una boda a Caborca, en la parte norte del estado de Sonora. El novio era Miguel Caro Quintero, hermano de Rafael, el capo de capos, que tenía un poderío creciente en el noroeste del país.

En las mesas, cubiertas de blancos manteles, con encajes, había refrescos, depósitos de aluminio para conservar los cubos de hielo, cervezas, botellas de whisky y tequila, y porciones generosas de cocaína. El polvo blanco estaba ahí, sobre la mesa, como si fuera botana o bebida, aperitivo, adorno, galletas o paté. Los invitados actuaron sin disimulo: en bolsas de plástico o sobres que ellos mismos hacían con pedazos de papel o cartón, se servían del plato, tomaban un poco con alguna cuchara, llenaban sus pequeños depósitos, y se iban al baño o al patio a inhalar.

La fiesta fue en un local enorme, dentro de un hotel. El hotel, la gasolinera, media ciudad y otros negocios, eran de uno de los tíos: Octavio Páez. Al otro día fue la posboda y los familiares aprovecharon para celebrar un bautizo. Estaban todos en un rancho cercano a la ciudad, también propiedad del capo. Los padrinos, que estaban en el negocio como la mayoría de los asistentes, convocaron a todos los presentes al tradicional "bolo padrino". Sacaron bolsas y valijas. Metieron manos y emergieron pacas de dólares. Desamarraron los paquetes y los aventaron al aire. Los billetes caían danzando al ritmo del viento. Algunos se conservaban junto a otros billetes y caían más rápido. Y los asistentes se tiraron al suelo, empujaron, rompieron medias y se rasparon, para alcanzar billetes de 10 y 20 dólares.

Carolina vio la escena. Quiso correr, aventarse también a la rapiña de billetes, rebatinga de su propia oquedad. Pero se detuvo. Le pareció indigno, humillante. Se sintió asqueada. Trajo a su mente el dolor de haber perdido a su padre, las carencias, el trabajo de su madre con tal de seguir teniendo casa y comida, y las caras volteadas de sus tíos cuando acudieron a ellos para pedirles apoyo. "'Yo no voy a mantener a esos méndigos perros', dijo uno, y yo lo escuché desde afuera de la casa a la que habíamos acudido para pedirles un poco de azúcar."

Y entonces quiso saltar. Revolcarse, pelear, empujar y morder si era necesario. Atrapar uno, dos, tres, cuatro billetes. Llevárselos a sus hermanos, a su madre. Y mostrarlos triunfante, sacudirlos, sentirlos suyos, de ella y su familia, y tener para comer mañana y pasado y tal vez la semana entrante. Quiso y se detuvo. Se dijo por dentro que no. Y comparó la rebatinga con un pleito de perros. Perros sarnosos, hambrientos y miserables.

En diciembre de ese año, como para machacarle la herida y abofetearle la carestía, vio a sus primos en el festejo previo a la cena de navidad. Los niños estrenaban ropa y algunos traían sombrero. Actuaban como capitos, como sus padres, dueños, reyes, semidioses del poder y del dinero. Se paraban como ellos, hablaban, repetían sus ademanes, ordenaban y traían, igual que ellos, los billetes rebosándoles las bolsas delanteras. Y de nuevo la escena: uno de ellos, ufano, erguido y presuntuoso, sacó un paquete de billetes. Eran de 20 pesos. Los prendían con un encendedor. Y luego prendían con el fuego de los billetes las palomitas, buscapiés y chifladores.

Carolina deseaba quitárselos, hacerse de los billetes. Evitar que incendiaran frente a ella sus esperanzas.

Carolina tiene calcado en su memoria el día que su tío Octavio se le acercó. Muy cerca, a distancia de abeja. Aprovechó que la madre de Carolina estaba a varios metros y no lo escucharía.

"Él me dijo que si yo quería todo eso podía ser mío. Mi tío Octavio extendía el brazo y apuntaba hacia el frente, a los lados, señalaba los territorios, los árboles frutales, la siembra de maíz, decenas, cientos, de cabezas de ganado, tierras y más tierras." Carolina pensó que era por su padre, quien había muerto a balazos por culpa de su tío, y que era una forma de querer retribuirle.

El señor tenía alrededor de 50 años y el control que ejercía en la región era inobjetable. El viento tenía su nombre. Los políticos se le arrodillaban. Los empresarios se santiguaban a su paso.

Y me dijo: "No andes con ese plebe." A juicio de él, su sobrino, Héctor, no le iba a dar lo que ella merecía. Y en cambio, con su tío, tendría todo a sus pies, lo que veían sus ojos y más allá, pero tenía que irse a vivir con él, a Caborca, Sonora, y ser su mujer. Una de ellas.

Su madre siguió ausente. Ni cuenta se dio. Ella lo miró sin hacer gestos. Sintió nauseas, vergüenza, terror. Su tío. El tío de su novio. Aquel que robaba droga de otros, gandalla y tramposo. Era el mismo. Carolina no pudo contestar. No dijo nada. Enmudeció.

La ciudad empezaba a crecer en las orillas, las casas se multiplicaban y aparecían los nuevos fraccionamientos. El pavimento no llega ni alcanza, el asfalto apenas cubre algunas vías. El empedrado permanece, queda, trasciende: así está en Tierra Blanca, muy cerca de los ríos, recibiendo a·las familias que bajaron de la sierra, que emigraron de Durango, de los pueblos cercanos como Mocorito y Badiraguato, huyendo de los operativos de destrucción de enervantes del ejército, saliendo de las montañas donde abundan los pinos y el aire fresco, pero no hay futuro.

Eran los tiempos de Pedro Avilés, el "Culichi", Lamberto Quintero, Rafael Caro Quintero, Miguel Ángel Félix Gallardo, Alfonso Cabada, Manuel Salcido, a quien apodaban el "Cochiloco", y Ernesto Fonseca, entre otros capos. Tiempos oscuros. Tiempos violentos. Los casos de homicidios dolosos sumaron alrededor de 6 mil durante el gobierno de Antonio Toledo Corro y, de acuerdo con organismos defensores de derechos humanos, 3 mil 700 en el de Francisco Labastida Ochoa.

En Tierra Blanca quedaron concentrados los capos y sus familias. Los narcos, los sicarios, operadores, vendedores. Ahí, porque está cerca la montaña, porque la carretera comunica rápido a una de las salidas de la ciudad. Todos ahí, en una colonia de calles con alfombra de piedra de río: piedras redondas, geométricas, casi del mismo tamaño, estéticas y boludas.

Las mansiones alojan a los narcos y a sus familias. Las balaceras están concentradas en este sector de Culiacán. Ahí se agarran, se topan en las calles y se balean. Se retan de carro a carro, ensangrientan las cabinas, la lámina de los LTD, los asientos de cuero del lado del conductor y del copiloto. No hay "levantones" ni secuestros. La ciudad de entonces era de homicidios, raptos y violaciones, pero había códigos de honor, reglas de oro que nadie debía quebrantar a la hora de los asesinatos y las ejecuciones: no mujeres ni niños.

Las casas en Tierra Blanca son mansiones, búnker, espacios seguros: tienen pasadizos que comunican con otros inmuebles, escondites para las esposas y los hijos, para guardar dinero y droga, sótanos para la perdición.

La bronca era entre ellos y entre ellos se las arreglaban. El resto de los espacios citadinos, los cines y centros comerciales, los nuevos fraccionamientos y la ciudad vieja, permanecían todavía ajenos, cerca de Tierra Blanca, pero lejos de tantas balaceras y su saldo sangriento.

"Héctor llegó con un melón", cuenta Carolina. Así les llamaban los jóvenes al millón de pesos. Era su primera paga, su ganancia, después de varios meses en tierra ajena, en la siembra de la yerba.

Llevaban seis años de noviazgo bonito, enmielado de cortesías, cariños y atenciones. Él pasaba la mitad del año con ella, con las manos entrelazadas, abrazándola tiernamente. La otra mitad se desaparecía para dedicarse al cultivo de enervantes. Seis meses en las montañas. Héctor decidió gastarse ese dinero en arreglarle la casa a su madre. Hasta que optó por casarse con Carolina, en 1988.

Al año tuvieron una niña, con quién él se encariñó tanto que no se animó a dejarla para ir a la boda de unos amigos y parientes en Guadalajara. Aquellos eran hombres que estaban en el negocio. Él debía asistir, cerrar tratos, hacer relaciones públicas, tener roce, mirar hacia adelante. Pero la bebé le lloró tanto que decidió quedarse en su casa. Al otro día leyó en los periódicos y supo que se había salvado.

Los invitados estaban en casa del novio, de nombre Macario Quintero, quien salió un momento a realizar unas compras. Estaban listos para la boda. Convivían y se aprestaban para la fiesta, cuando llegó la policía. A los que estaban dentro de la casa los acostaron boca abajo, esposados y con las manos atrás. A cada nuevo invitado que llegaba a la residencia lo iban tirando en el suelo y esposando. Por alguna razón el novio no volvió. La noticia en los periódicos decía que entre los detenidos estaba un narcotraficante "pesado".

Héctor se puso como loco. No fue suficiente no haber estado ahí y haberse salvado del operativo de la policía y sus detenciones. La noticia le provocó una ansiedad desbordante, un desespero que ocupó todo su cuerpo.

Esa tarde, cuando pardeaba, se tomó su primera cerveza y desapareció. Volvió demente, con la nariz empolvada y la banda tocando. Así estuvo hasta la madrugada. Música, coca y cerveza. Hasta embrutecer.

Él pensó hacerse rico traficando droga. Pensó en eso y en acabarse el polvo coqueando toda la noche, pagando la tambora, comprando y comprando cerveza hasta gastarse en una sola jornada los 110 mil pesos que tenía, desde la tarde o noche, hasta la madrugada.

Carolina lo vio y lo desconoció. No era el mismo que le sostenía la mano cuando caminaban apaciblemente. Pero después ella misma se desconoció.

Ella iba con su hija, de meses. Héctor iba manejando, rumbo al norte, cuando los pararon en un retén de la Policía Judicial Federal. A Héctor le temblaban las manos cuando le pidieron que se bajara. Descendió del automóvil, lo esculcaron minuciosamente, le hicieron unas preguntas. Otro policía miró a la mujer con la bebé en brazos. La tapaba porque la estaba amamantando. El policía pasó la vista por los interiores, sin mover nada.

Los dejaron pasar, Héctor soltó el aire. La bebé dejó de mamar. Carolina se palpó más. Tocó con su derecha el pequeño bulto de un kilo de peso, envuelto en plástico asido a su piel con cinta adhesiva. Lo traía en la panza, a lo ancho. Era heroína.

Héctor se hizo alcohólico, drogadicto, vendedor de droga, traficante y mequetrefe. Le gustaba gritar. Hacer ruido. Entraba a su casa gritando, golpeando la puerta, los muebles, abriendo y cerrando cajones, mentándole la madre a todos y a nadie.

En 1989 Carolina se embarazó por segunda vez. Después de vivir en casa de la madre de ella se fueron a la vivienda que él había construido con dinero ilícito.

Héctor trabajó con un narco de nombre Ramón Meza, quien se dedicaba a vender droga por kilos. Era músico, intérprete de narcocorridos, muy famoso. Iba y venía a Caborca, a llevar y traer mercancía. Se perdía por semanas, meses. Y regresaba con un dineral. A gastárselo en bacanales.

Invirtió parte de sus ganancias construyendo compartimentos, "clavos", en los trailers para que la mercancía no fuera encontrada por la policía. Cubrían estos compartimentos con papel carbón. De esa forma, pensaba, no lo detectarían las cámaras de la aduana de Estados Unidos.

Héctor empezó a gritarle a Carolina y a golpearla. Ella, asustada, regresaba a casa de su madre, en busca de refugio. Lo demandó por violencia intrafamiliar ante el Sistema para el Desarrollo Integral de la Familia (DIF), pero no le hicieron nada. Y se fue a Nayarit, con unos parientes, antes de que él regresara.

Resuelta, Carolina le pidió el divorcio. Argumentó ante él y frente al Juez de lo Familiar que ya no quería estar con él, que le pegaba y la maltrataba. Dijo que no quería esa situación para ella ni para sus hijos. Él se rió y la mandó a la chingada. Ella contrató a una abogada para que lo representara y llevara la demanda. Él, labioso y echón, usó sus dones de conquistador, y terminó comiendo pescado sarandeado y mariscos con esa abogada en un puerto cercano.

Aunque no era bien parecido, tenía sus golpes de "lengua", de buen hablantín, fanfarrón, que todo lo resolvía hablando, convenciendo, y enseñando dinero. Comprándolo todo.

En 1990 Carolina tuvo a su hijo. Héctor se fue a hacer un "trabajito" a Estados Unidos y al siguiente mes ella parió. Cuando él regresó traía un carro nuevo, del año. Era un Buick de edición limitada, especial, de lujo, con el logotipo de las olimpiadas en los asientos. Vio a su familia casi de reojo y pasó a visitar a una de sus novias. Le regaló el vehículo a la dama pero prometió entregárselo después. Tenía un hijo con ella. La llevaba a su casa, cuando Carolina no estaba, y le ofrecía la vivienda, pero que se esperara a que estuviera terminada y con muebles.

Así siguió, yendo y viniendo, entre golpes, cachetadas, amenazas y coca. Ido de la mente. Ido, convertido en un orate. Un ogro habitaba en el cuerpo de Héctor. Un monstruo que emergía cuando él andaba briago, coco.

Contactó con gente de Tijuana. Acordaron que le facilitarían la chamba e hicieron trabajos juntos. Le dieron identificación falsa, otro nombre y hasta cartilla del seguro social. Él llevaba exitosamente "chiva" pegada al cuerpo, bajo los zapatos, dentro del tenis, en los huecos de las suelas, en los calcetines.

Los familiares lo vieron enfermo. Supieron de los golpes a Carolina y de todos los infiernos y lo convencieron para que entrara a un centro de rehabilitación, en San Luis Río Colorado, en el que permaneció recluido cuatro meses. El 12 de diciembre regresó prometiéndose a él y a todos, incluida su mujer, que trabajaría honestamente. Le creyeron. Pero antes de que se cumpliera un mes se enredó de nuevo con botellas y polvo. Y embarazó de nuevo a Carolina.

Aquella tarde Héctor regresó con un grupo de amigos, todos de su calaña. La vio afuera de su casa y le aventó una bolsa de carne para asar. Ella se molestó y le gritó. Héctor la metió a empujones y empezó a ahorcarla. Una vecina los vio y le gritó. Llevaron a Carolina al hospital porque sintió duro el abdomen, tuvo cólicos y contracciones. Héctor le llegó con flores y discursos por su perdón. Y lo perdonó.

Ese niño nació mal. Tiene problemas de aprendizaje. No retiene. Ella cree que todo se originó en ese incidente. Fue el saldo de esa frustrada carne asada.

Cuando todavía Carolina debía guardar reposo, no tener relaciones sexuales al menos en los cuarenta días posteriores al parto, mantenerse así, descansar y tomar medicinas como parte de un largo tratamiento, a Héctor se le ocurrió hacer una fiesta con sus parientes. De noche, la tomó por sorpresa, le metió tres dedos a la boca alcanzando su garganta. La ahogaba... la violaba.

Héctor se ausentó durante algunas horas. Carolina se sentía mal, con dolor de garganta, humillada. Él regresó y le puso una pistola en la frente. "Qué se siente", le preguntaba. "Qué se siente."

Como pudo, Carolina se le soltó y habló a la policía. Cuando la patrulla llegó, se quedaron afuera los gendarmes. Él, adentro, la golpeaba, la insultaba. Carolina y los niños gritaban. Afuera, los agentes sólo se miraban entre sí.

Ella salió, ensangrentada, a medio caminar, y les reclamó. Él salió victorioso, con una nueve milímetros en la derecha. Los insultó. Les dijo "Váyanse a la chingada", y los policías se fueron.

"Me gustan las armas, pero no sé usarlas." Carolina habla de la nueve milímetros y le brillan los ojos. No es la mirada del homicida, sino del narco que lleva dentro, de la familia narca, del narco nuestro de cada día, de su narco. "Está bien bonita el arma. Me gusta. Me gusta y me da miedo porque no sé usarlas. Son peligrosas."

Alguien de confianza le dijo a Carolina que le hiciera lo mismo, que agarrara la pistola y se la pusiera en el pecho o en la cabeza…

Esa noche él llegó y en cuanto abrió la puerta le dio un golpe a Carolina con una cruceta. Ella sangraba de la cabeza, de arriba de la oreja. Sacó la mano que guardaba detrás, que mantuvo en su espalda. Le apuntó.

Él se puso amarillo. Blanco. Se le salían los ojos.

"Él me dijo 'No, Carolina', y yo le contesté 'Cómo no'. Y le preguntaba 'a ver qué se siente, qué se siente que te estén apuntando con una pistola, que te la pongan en el corazón'".

Ambos se calmaron. Uno de los hijos vio la escena y aprovechó un descuido para tomar el arma y guardarla bajo un cesto en el patio.

En su terquedad, Héctor metía a dios y al diablo en la licuadora de su vida. Rumbo a una fiesta infantil, le dijo a su hija mayor, que llevara el paquete de cartón en el que iba el regalo. El paquete llevaba un moño y estaba forrado con papel para regalo, de colores. La niña se emocionó porque llevar el regalo significaba que también se lo entregaría al festejado. La madre le advirtió a Héctor que no los involucrara, pero el padre se limitó a decirle a la niña que no se preocupara. "No debes soltar el regalo, hija, pase lo que pase, no lo sueltes, no se lo des a nadie, hasta que yo te diga." Y en el camino, con los niños en el carro, los detuvo un retén de la policía y el ejército. A él y a Carolina los bajaron. Los niños se quedaron adentro, mientras los agentes revisaban a Héctor, a Carolina, y al carro sin mucho afán. La niña se quedó quieta, con los brazos duros, de madera, y los pies de palo. "Todo está bien", gritó uno de los uniformados, y los dejaron ir. Cuando llegaron a la fiesta, Héctor le quitó el regalo a su hija. Le dijo "ahorita vengo", y se fue a conseguir buena lana por un kilo de coca.

Cuando la niña creció, quería fiesta de 15 años. Quería y no. Le dijo a su mamá que mejor no, porque su padre seguramente se iba a emborrachar, iba a armar un alboroto, a pegarle. Mejor no. Pero su padre le prometió que se portaría bien. Y lo cumplió... durante la fiesta.

Al final, quiso agarrar la camioneta de Carolina. Ella se la negó. Ya borracho y con varios pasones en sus fosas nasales, Héctor la agarró de los cabellos, y la sacudió con fuerza, sacándole sangre de la cabeza.

En enero de 2002, Carolina se fue a Nayarit cinco meses. Y empezó a futurear. Buscó trabajo en el gobierno y lo consiguió. Vio la casa que él había construido y no la asumió como suya. Consiguió un crédito y se compró una vivienda de interés social, en las orillas de la ciudad. La amplió, puso cochera, barandales, barda y cocina integral.

Héctor emigró a Estados Unidos. Sus escándalos llegaron allende las fronteras. Una hermana suya, que era de una religión, lo llamó y lo metió a rehabilitación. Era un método drástico: ni cerveza ni refrescos ni café. Solamente orar.

Héctor regresó y permaneció en paz unos meses. Su disfraz se esfumó cuando se les perdió y regresó transformado, cayéndose de briago y con las quijadas congeladas, trabadas por el alcaloide.

En un nuevo intento, su hija lo metió a otro centro de rescate de adictos. Iba en las noches a las sesiones: llegaba a las cinco de la tarde y se regresaba a las tres de la mañana, para acompañarlo, y veía cómo les daban sopapos a los pacientes que en las sesiones, que eran de 12 horas, cabeceaban o se dormían. Él debía permanecer así, despierto. Y su hija, con él.

"Para que vean", les decían los especialistas, los administradores de los centros de rehabilitación y supuestos terapeutas, "lo que sienten sus esposas, sus madres, sus hermanos e hijos, cuando ustedes no llegan a sus casas, de noche o madrugada, porque andan en la borrachera, drogándose, adictos".

Otra oportunidad pidió Héctor. Otra vez lo perdonó Carolina. Otra vez casi la mata. Borracho y drogado, le pidió las llaves de la camioneta y ella se las negó. Entonces, él le echó thiner a la unidad y antes de que le prendiera fuego Carolina le aventó las llaves.

Al otro día Carolina fue al Ministerio Público. Lo denunció por lesiones, amenazas de muerte, robo de automóvil y daños en propiedad ajena. La Procuraduría General de Justicia determinó que ella y sus hijos necesitaban seguridad, por eso les asignaron escoltas y vigilancia policiaca.

Héctor, según cuenta Carolina, insistía, en medio de un dudoso arrepentimiento, decía que no quería perder a su esposa ni a sus hijos. Y ellos, los parientes que antes le ayudaban y que ahora se habían dado por vencidos ante tantas reincidencias, le contestaban que era demasiado tarde: "Ya los perdiste."

A Héctor cada vez le iba peor. Ya pocos querían hacer negocios con él. Su fama de problemático, irresponsable, echón y drogo, lo dejó fuera de la jugada. De traficante, de tener miles y millones de pesos, había disminuido a un simple adicto. Un drogo conflictivo, pesado, golpeador y bocón.

Carolina y sus hijos tenían una buena relación, pero no faltaban las discusiones. Los hijos andaban psicóticos, alterados. Es la herencia de un padre como Héctor, los testimonios vivos de tantas agresiones y frustraciones. En medio de un diferendo, la joven hija le anunció a su madre que mejor se iba con su papá. Pero de noche, en la casa a la que Héctor metía a otros hombres con quienes se emborrachaba y coqueaba, ella no dormía. Ponía cerrojo a la puerta y recordaba que su madre tampoco dormía cuando estaba en circunstancias similares. La hija permanecía agazapada, escondida, bajo llave, temblorosa, arredrada en esa recámara. Y mejor se regresó.

Lo mismo pasó con el hijo mayor, que quiso quedarse con él a vivir un tiempo, pero volvió con su mamá cuando su padre estuvo a punto de ahorcarlo.

Un grupo de agentes del área de homicidios dolosos interceptó a Héctor. Ejecutaron en su contra una orden de aprehensión por intento de homicidio, lesiones, amenazas. Él se sorprendió, movió a su gente, habló con sus contactos, intentó sobornarlos. Pero nada le resultó. Nadie le hizo caso. Hablaba por teléfono con su hija, diciéndole iba a cambiar, que le pidiera a su madre le otorgara el perdón, que no lo dejaran en la cárcel, que firmaría todo, incluido el divorcio. La hija le dijo a la madre. Carolina no creía nada, pero tanta insistencia y la intervención de su hija la desarmaron. Y se descuidó: aquel lunes de 2008 fue a la penitenciaria y firmó el perdón. Héctor salió, dio las gracias y se fue. Ella se dio cuenta, entonces, cuando él huyó de ahí, que no le había firmado el divorcio ni nada. Que de nuevo había perdido.

Héctor andaba por ahí, pululando. Sus amigos eran drogos y no traficantes. Andaban con los centavos, sin billetes, en una camioneta vieja y descolorida. Quiso atropellar a Carolina y a su madre, pero la unidad se estrelló con unas piedras que estaban cerca de la banqueta y se embancó. Los drogos lograron salir de ahí a arrempujones, entre la furia de él y esa mirada inyectada de rojos, cafés y morados. Y el susto de Carolina y su madre.

Carolina mantiene su trabajo y a sus hijos, que estudian y trabajan. Vende flores en el día de las madres, claveles y crisantemos en el día de muertos, juguetes en navidad y ropa cuando llega el invierno.

No quiere nada con los narcos. No son de ella ni de su mundo. Acaso de su pasado. Se quedó con el recuerdo de sus tres hermanos muertos a tiros, uno de ellos, al parecer, por órdenes de su esposa que, ambiciosa, quiso quedarse con el dinero que igual él no le negaba.

Su tío Octavio Páez fue asesinado por un sobrino a balazos, por traiciones, deudas, drogas, agandalles y mentiras. "Y algunas de sus hijas salieron corriendo, gritando 'no quiero ser rica, no quiero dinero, quiero ser pobre', cuando hubo operativos de la policía y el ejército para detener a su padre, en Caborca."

Su tío Rafael Caro está en la cárcel, en el penal de Máxima Seguridad de La Palma, en el Estado de México. Lamberto Quintero está muerto. Y otros más están detenidos, ultimados a balazos o huyendo.

Carolina mantiene sus sesiones de terapia. Por eso no llora, aunque parezca que se ahoga. Sostiene la mirada y recupera la voz. "De todo aprende uno. Fue una etapa muy dura eso de vivir con una persona alcohólica, un golpeador. Es un calvario. Es denigrante, devaluante.

"Estaba acostumbrada a vivir bien, a cambio de esos golpes. Tanto chingazo me pudo haber matado."

Y recuerda con una sonrisa a medias los 10 mil dólares que se gastaba en compras, en Estados Unidos: ropa, zapatos, joyas, perfumes.

"Pero paga uno muy caro lo bien vivido." Pagó un precio alto. Y lo sigue pagando. Sus restos asoman en esa nostalgia adolorida. Parecen los restos de ella, lo que queda, lo que se percibe y proyecta. Pero ella se sabe una heroína. Y quien conoce su historia así la ubica. Un héroe nacional en la patria de su casa, de sí misma, su hogar, sus hijos. Porque, asegura, volvió de un calvario. Traspasó el fuego. O, más bien, resucitó.

Cocinera

En la montaña todos andan metidos entre los surcos. Sembrando y cosechando, regando, cuidando los plantíos de un verde inmejorable: el verde de la mariguana.

Así pasó María* su infancia y parte de su juventud. Sabía que era su vida y su destino, pero esperaba más. No se conformaba con esas jornadas de levantarse a las tres o cuatro de la mañana y terminar a media tarde, exhausta y rendida.

Aquel hombre de manos grandes y movimientos toscos ni siquiera la cortejó. Un día la tomó del brazo y la convenció para que huyeran. Ella no vio de otra: esa vida de estar cerca de las nubes, de madrugada entre las plantas del enervante, de comer en el campo y partirse las plantas de los pies en esa fría humedad, o la ciudad, el trabajo estable y una vida familiar.

María nació a finales de los sesenta. Tenía 14 años cuando se "juyó" de su casa con ese hombre que no sabía de otra más que sembrar mariguana y amapola, empaquetarla, y bajarla al valle o la ciudad a venderla.

Era dura la vida en la sierra, allá en la comunidad de El Frijolar. Badiraguato, municipio ubicado a cerca de sesenta kilómetros de Culiacán, enclavado en la sierra, está pesado: todos andan metidos en la siembra de mariguana

---

* Nombre ficticio para proteger la identidad del personaje.

y desde niños los llevan a los plantíos a despatar las matas para dejar solamente la cola, el chicharrón, para luego cosecharla y ponerla a secar.

Alguien vendrá después por ella, para empaquetarla. La llevarán en camionetas al valle, a las ciudades. Ahí podrán vender una parte. La otra seguramente será trasladada a otras regiones del país, para su comercialización. O bien al extranjero.

En la sierra la siembra de enervantes es la vida cotidiana y también supervivencia. La vida está entre la pobreza de la milpa de temporal y los frijoles enjutos, o la estabilidad sin riquezas que les da la mariguana.

Así lo cuenta María desde lejos, con las nubes y las montañas verdes inundándole la mirada, detrás de esas antiparras bifocales, a pesar de sus poco más de cuatro décadas.

A eso se dedicaba el novio que se la llevó, con el consentimiento a medias. Su padrastro la maltrataba y la obligaba a trabajar en los sembradíos de maíz, de seis de la mañana a seis de la tarde, con apenas unos minutos para sacar el itacate de su pañuelo e ingerir los tacos de huevos con papas y verdura, en el mejor de los casos, o bien de frijoles refritos. Por eso aprovechó la invitación del tipo hosco aquel, a quien no quería pero le caía bien. Fue una forma de huir de esa vida de castigos.

La tía los casó. No importaron sus 14 inviernos que en esa región alteña duran todo el año. Era casi una vida que para todos estaba escrita, una vida esperada, a golpes de resignación, en esa serranía colindante con el estado de Chihuahua. Pero el hombre era desobligado. Le entraba duro a la siembra de mota, a moverla, bajarla a la ciudad, sin mucha suerte y tampoco sin muchas ganas.

El hombre no sirvió, de plano se hizo flojo y no quiso batallar con los niños ni con el sustento. Su vida familiar era de ausencias. María se quejaba. Y por eso decidió abandonarlo y emigrar a Culiacán. Allá dejó la mota, los plantíos, las nubes en las veredas enverdecidas.

En la ciudad empezó en los restaurantes, lavando platos. Y ahí se quedó, en la cocina, meneando carnes, frutas y verduras en las sartenes y cacerolas. Envuelta en los vapores y sabores, en el cochambre y la sazón, pero sin el gusto de cocinar ni la pasión de parir platillos.

El paso de su esposo y su familia por la carretera 15, desde El Frijolar hasta Culiacán, pasando por la cabecera municipal, Pericos, ha dejado huellas de sangre y plomo. Ataúdes y novenarios. Seis muertos fue el saldo de meses de pugnas y ajustes, cuando apenas empezaba la segunda mitad de la primera década del 2000.

Tres hombres fueron atacados a balazos cuando caminaban por una de las calles la colonia Infonavit Humaya, en el sector norte de Culiacán, el 30 de diciembre de 2006. Los agresores les dispararon con fusiles AK-47 desde una camioneta tipo Bronco, según contaron testigos a María Antonio Beltrán, de la agencia tercera del Ministerio Público especializada en homicidios dolosos.

Las víctimas —cuyas identidades quedan en reserva a petición de los familiares—, tenían 45, 32 y 26 años, y tenían parentesco entre sí. Todos ellos nacidos en la comunidad Piedra Bola, del municipio de Badiraguato.

La Policía Ministerial del Estado recibió el reporte de que sobre el bulevar Lola Beltrán, de este sector, se habían escuchado disparos de armas de fuego y que en el lugar quedaron tres personas heridas de bala. Los agentes se trasladaron al sector y pidieron la intervención de personal de la Cruz Roja, cuyas unidades 227, 228 y 229 acudieron a auxiliar a los lesionados.

"Luego les brindaron los primeros auxilios y tras estabilizarlos los trasladaron a diferentes hospitales. Socorristas llevaron al Hospital Civil a Jesús Palafox Herrera, quien presentó heridas producidas por proyectil de arma de fuego en diferentes partes del cuerpo. Los otros dos heridos fueron trasladados al Hospital General", reza la nota publicada en el diario *El debate*, el 31 de diciembre.

Uno de los lesionados que fueron llevados al Hospital General de Culiacán, tenía un balazo en la pierna izquierda y dos más en el abdomen, y el otro tenía al menos tres lesiones de bala en el abdomen. Horas después este último perdió la vida, a pesar de los esfuerzos realizados por el personal médico del nosocomio.

A otro de ellos, el que fue trasladado al Hospital Civil, también de la capital sinaloense, le fue amputada una pierna y la otra se le fracturó debido a los balazos que recibió. Es el esposo de María.

Los policías recogieron en el lugar del ataque alrededor de medio centenar de casquillos calibre 7.62.

Durante las pesquisas, los agentes ministeriales señalaron que el atentado habría sido ordenado por una persona que estaba presa en el penal de Culiacán y que aparentemente estaba relacionada con el narcotráfico. Había una supuesta pugna por drogas entre esta persona, cuya identidad se mantiene en reserva, y las víctimas.

El 30 de noviembre de 2007, casi un año después, un enfrentamiento a balazos entre bandas contrarias de reos en pugna por el control en el mercado de la droga dentro del penal de la capital sinaloense, dejó tres internos muertos, entre ellos aquel que supuestamente había ordenado el ataque a balazos del 30 de diciembre de 2006.

"Hay tres personas fallecidas por impactos de bala en el interior (del reclusorio); son tres internos por un enfrentamiento entre ellos", señaló Mario Millán, funcionario del área de prensa de la Secretaría de Seguridad Pública estatal.

Según la versión difundida por las autoridades penitenciarias, uno de los reos intentó ultimar a otro y se inició la trifulca; los reos muertos estaban siendo procesados por delitos de secuestro y homicidio.

"Elementos de la Agencia Federal de Investigación y de las policías Ministerial y Estatal Preventiva realizaron un operativo en el interior de la cárcel y encontraron dos armas de fuego calibres .9 y .45 milímetros. Este es el segundo tiroteo ocurrido en menos de dos meses en ese penal. En octubre pasado, un enfrentamiento entre reos dejó un muerto y siete lesionados por arma de fuego. Las autoridades penitenciarias reconocen que los conflictos en ese centro penitenciario tienen relación con la venta de droga y las pugnas por el control del mercado entre los reclusos", refirió una nota publicada el 1 de diciembre de ese año, en el periódico *La jornada*.

Otras deudas fueron cobradas. Un ajuste de cuentas más en los caminos que llevan de El Frijolar, Badiraguato, a Culiacán.

Muertos de todos los bandos han sido sembrados violentamente a la vera del camino, entre el maizal y las plantas de mariguana que esperan ser despatadas. Unos están en la cárcel, esperando la muerte porque la sentencia no se divisa en sus horizontes de barrotes. Otros huyendo. Algunos más agazapados, listos para emboscar.

María está frente a las estufas, a un lado de los refrigeradores, entre platos, cucharas, tenedores y cuchillos. Emerge poco a poco, sin dejar atrás la supervivencia. Saca para comer, pa'los plebes y la escuela. Tal vez un poco de ropa, un refresco, un café.

Su hija mayor tiene 17 y el menor 15. Ambos estudian. "Me salieron buenos mis plebes, son buenos hijos, son buenos conmigo. No andan en las drogas ni en borracheras", asegura María, orgullosa.

De ese pasado entre plantíos de enervantes y malos tratos sólo tiene fotos borrosas, en blanco y negro. Imágenes en sepia con líneas de siluetas que empiezan a perderse entre otros desfigurados recuerdos.

Y desde la estufa encendida, acitronando verduras sobre la hornilla encendida, ve la huella roja de El Frijolar y tantos asesinatos y enfrentamientos, tantas víctimas, incluido su marido, quien quedó parapléjico y amargado. Ve la huella roja y espera, confía, sueña, con que no la alcance a ella ni a sus plebes. Que la sangre se vaya, pase, se aleje, y no le llegue.

Narco-glamour

El Recodo y Los Intocables, el BMW y hasta al Valentín Elizalde. Le dijo que le iba a bajar la luna, el sol y las estrellas. Pero no el techo.

No le gustaron los salones para fiestas que hay en la ciudad. No le llenaron el ojo. Le parecieron chiquitos, relingos, chaparros, frente a su nena quinceañera. Por eso le construyó un salón exclusivo para el banquete.

Meses, pocos, bastaron para que emergiera el nuevo local en ese terreno, en el Tres Ríos, enseguida del negocio de renta de limusinas, de su propiedad, a unos metros de un antro también suyo y frente a la Procuraduría de Justicia, casi suya.

Los albañiles trabajaron a contra tiempo con arquitectos tronándoles los dedos. Camiones y camiones con materiales, los sapos de las revolvedoras de cemento haciendo cola, todos tenían prisa. Sobre todo el patrón.

Era apenas un edificio lujoso, un partenón muy europeo, con columnas en la fachada y esculturas que asemejan a las obras Miguel Ángel Buonaroti.

Fue todo un escándalo de construcción: adornos estilo Las Vegas. Lujo en los terminados, detalles y ornamentaciones de alto costo, pero mal gusto. Luces y colores. Pisos y columnas de primer mundo. Lámparas traídas desde Rusia.

Ella, la bebé de 15 años, le pidió a su papá que le trajera al grupo Intocable, pero una agenda colmada les impidió responder afirmativamente. En cambio, y con mucho tiempo de antelación, contrató a la banda El Recodo, Los Intocables del Norte, y el intérprete de moda para estos huateques: Valentín Elizalde.

En realidad no venían al evento de las estrellas que organizó plaza Forum, un centro comercial ubicado en una zona en desarrollo. Eso fue sólo un pretexto, pues el compromiso inicial era con la quinceañera y su próspero y generoso padre. Los del Forum apenas alcanzaron a colgarse de la agenda.

Cuando llegó la hora el excéntrico local estaba listo para estrenarse. En la fachada había una gigantesca foto de la festejada, de cuerpo entero. El tamaño correspondía al de la quinceañera y era la entrada al paraíso de lujo que esperaba en el interior.

A la misa en la iglesia Santa Inés, que está junto al fraccionamiento privado Los Álamos (donde viven los Coppel, dueños de una cadena de tiendas de autoservicio, y otras familias adineradas) asistieron muchos. Las camionetonas, limusinas y carros de lujo que había en los alrededores sumaban más de cien.

Durante la recepción una larga fila de limusinas alimentaba la acera del bulevar. Adentro la fila también era larga, pero de artistas. La encabezaban el Elizalde, los Recodos y Los Intocables del Norte. Casi nadie. Casi nada.

Los arreglos eran rusos, había flores por todo el salón y adornos caros para las decenas de mesas. Un vestido de cerca de cien mil pesos para la festejada. Despilfarro en bebidas, comida y servicio de meseros.

Todo se desarrolló a pedir de boca. Fue un día de lluvia pertinaz, tanto que de madrugada se cuartearon las paredes y se cayeron una de las lámparas y parte del techo. El incidente no había pasado de ahí.

Sacaron a los de El Recodo al patio, pero la magia musical ya no era igual: parecía un grupito menor, sin el embrujo de la fama y la ayuda del equipo de sonido. "Pero que siga la pachanga", parecían decir los organizadores. Al fin que la fiesta ya había arrancado y la quinceañera estaba contenta con su local, los adornos, el BMW que la esperaba en la puerta, para ella sola, y ese vestido de un centenar de miles de pesos.

Su padre, el organizador y patrocinador del festejo, le había bajado todo del cielo: la lluvia, la luna, las estrellas, el sol. Y hasta las lámparas y el techo.

Manager

Para Carolina y su pluma itinerantemente soñadora

Cristian es inocente. A sus 11 años sólo sabe agarrar el bat, lanzar la pelota y usar la manopla. Ahora él y su equipo son famosos. Ganaron el subcampeonato de la Serie Latinoamericana de Béisbol de Ligas Pequeñas, celebrado del 30 de agosto al 5 de septiembre de 2006.

Cristian no tenía cabida en la novena que viajó desde esa ciudad fronteriza a Puerto Rico, a competir. Pero nadie sabe la razón que orilló a la madre del otro niño, con menos bateo pero más constancia, a decidir que su hijo siempre no viajaría a ese país. Primero la mujer argumentó que no quería que el niño estuviera mucho tiempo lejos de la casa, luego que no había alcanzado a visar el pasaporte. Lo último fue que la escuela, los exámenes, el retraso en algunas materias.

Y de repente Cristian saltó al escenario, luego de que el entrenador lo convocó. Ahí estaba él: era hijo del jefe del cartel aquel, con un enorme poder local en esa ciudad de Tamaulipas. Hombre poderoso, dueño de la ciudad y allende las fronteras. Cacique, mandamás, capo de primera fila y benefactor de la policía y los bomberos.

También estaba ella, la mamá de Cristian, con su celular para resolverlo todo. Con esa voz poco fina pero efectiva a la hora de ordenar: "Haz esto", "haz aquello", "ponlo aquí", "vete para allá", "tráemelo ya". Palabras cortas, pronunciadas como golpes de mazo, y órdenes a secas. Ella administra algunas ganancias de unos pocos negocios de su marido. Viste a la moda narco, con esos pasos largos y estruendosos, caderas anchas como canoas y ese escote que no da para más. Bolsas Louis Vuitton y perfumes que producen una estela.

En Puerto Rico no aguantó la tentación. Compró un celular, consiguió un redactor boricua y un fotógrafo que captara las gráficas durante los juegos de la novena mexicana. Luego compró un fax.

El siguiente escalón fue garantizar portadas, notas grandes y con foto. Apalabró a los directivos, jefes de secciones y reporteros del periódico *El mañana*, el de mayor circulación en la ciudad de donde eran ellos. Un día la editora del turno recibió un recado que "alguien" le había dejado: "Va en deportes y no se le mueve ni una coma." Fueron cuatro días seguidos. Cuatro ediciones con espacio asegurado y en el centro los peloteritos. Otro día le mandaron decir al editor que se había quedado de guardia: "Ahora la quiere en portada, que si quieres la factures, te va a tratar bien." Y todos se apuraban a seguir las órdenes.

"Así va. Así, tal cual, quiero que entre. Quiero portada, con foto grande. No me la factures. Bueno, si quieres factúrala. Por mí no hay bronca. Pero te va a ir bien. Muy bien. Buen billete. Nomás deja que llegue", la esposa del narco indicaba, según repite uno de los correctores del periódico.

Y así entraban las notas. No faltaban los aprontados. "Métela así, como dice la señora." Ni una coma, acento o punto se le movía. Como viene, va.

Y después llegaban las nuevas instrucciones: "Ésta la quiero en deportes, que sea la principal, y con un texto chiquito, que lo anuncie, en la portada nacional." Y al otro día quería la portada y la contraportada de la sección deportiva. No faltaba más, como la señora quisiera, como ella dijera.

De todos los juegos, todos ganados. Los niños se trajeron el subcampeonato de la Serie Latinoamericana de Béisbol. La hicieron en grande: "Foto aquí y allá, texto y espacio grande en el papel periódico." Con ese segundo lugar llegaron a la ciudad y se les organizó un desfile que paralizó todo. Fueron contratados los bomberos y todas las patrullas de tránsito, incluidos los jefes, el mariachi y la banda, y los fotógrafos. Sirenas y luces de colores incluidas. La caravana de carros bomba del cuerpo de bomberos, de patrullas de la policía preventiva y de tránsito, de unidades del servicio de transporte urbano, troconas del año, paseó por la ciudad, colmó el tráfico, bloqueó las principales avenidas y fue y vino a Mcallen, Texas, sin retenes ni aduanas que los detuvieran. Era el gran festejo. El poder de convocatoria, del dinero.

Estaban también los jefes de la policía, de Protección Civil, de Tránsito Municipal, el del Cuerpo de Bomberos y el alcalde.

Detrás de los niños beisbolistas estaban los guaruras: cintos piteados, lentes oscuros, dos celulares y un radio, fachada de pistoleros de las películas de los hermanos Almada.

Cristian lucía feliz, ondeando en lo alto de su brazo una de las 150 banderas gigantescas que su mamá mandó comprar. La gente se arrastraba, se abalanzaba, se aprontaba al festín: había que besarles los tenis, los *spikes* de los niños beisbolistas, alcanzar una foto con ellos, una bandera monumental.

Las sirenas aullaban y todos estaban contentos, hasta Cristian, que miraba a su mamá y parecía decir: "Todo se lo debo a mi *manager*".

Rosalvira[*]

Cuando tenía 14 años, Rosalvira se preparaba para ir a la fiesta del día del estudiante, de la secundaria, y su ex novio, Marco, la raptó. Lo hizo con la ayuda de hermanos y amigos. La llevaron a un pueblo cerca de la playa. La versión de que él estaba muy enfermo se vino abajo: él estaba entero y sano. Ella estaba en sus redes.

Ahí se quedó Rosalvira unos meses. Pensó en denunciarlo pero se detuvo ante la posibilidad de que aquel joven fuera a parar a la cárcel. Al poco tiempo se fueron a la casa de los padres de él, en la ciudad, justo frente a la casa donde ella había crecido. Fue hasta ese momento que sus padres entendieron que no se había ido por gusto, sino engañada. Ella, a Marco, le tenía rencor y odio, lo seguía queriendo pero no como el compañero que se escoge para pasar el resto de su vida, sino como el muchacho que la pretendía, el de la secundaria.

A la petición de él, de que le hiciera comida o le planchara la ropa, ella respondía con silencios, con altivez. Marco terminaba preparándose su comida, planchando su ropa y tendiendo la cama.

Él era un yesero. Apenas un trabajador de la construcción. La pobreza se percibía en esa casa, en el barrio, en la colonia, en sus manos cuarteadas, en esas

---

[*] Nombre ficticio para proteger la identidad del personaje.

uñas manchadas de blanco, y en su pelo que parecía incinerado.

En medio de tantas limitaciones y pleitos, Marco y Rosalvira tuvieron cuatro hijos. Pasaron 12 años. Hasta un día en que le habló su amigo, uno de la infancia, para invitarlo a trabajar a Tijuana. Lo invitó a irse con él, con el argumento de que allá había mucho dinero, pero si se quedaba, no dejaría de ser un pinche yesero.

Marco decidió seguir a su amigo e invitó a Rosalvira a irse con él. Pero ella no accedió y lo mandó lejos. Era una suerte de rompimiento.

La ciudad no daba para mucho. Para ellos nada. Poco es nada. La plaza estaba copada y ocupada. Joaquín Guzmán Loera el "Chapo", Ismael Zambada García el "Mayo", y pequeñas porciones para los Carrillo Fuentes. Y todavía más pequeñas, casi imperceptibles, para el Cártel de Tijuana, de los Arellano.

El mercado local tenía propietario. El resto tenía que pagar derecho de piso, de tránsito. Con lana y con sangre.

El amigo de Marco trabajaba para los Arellano. Sabía que no podían operar con la misma libertad en las ciudades sinaloenses, donde en un descuido, un parpadeo, un suspiro, les podía arrimar la muerte con atuendo de plomo, de proyectil 7.62 para fusil AK-47. Los amigos habían crecido juntos jugando al futbol y al beisbol, a la rabia y a las escondidas de calle a calle, en los lotes baldíos del vecindario, en la cancha de la escuela primaria que estaba cerca.

Ahora eran hombres, los juegos se habían quedado en el barrio. Nada de policías y ladrones. Ahora eran mi litares y matones. El amigo era matón. Le explicó que andaba con "los aretes", nombre coloquial con el que se conoce a los hermanos Arellano Félix, culichis —gentilicio de Culiacán— de nacimiento, tijuanenses por adopción. Ahí no pasaba nada si ellos no lo autorizaban, si simplemente no querían o si los de otros cárteles, otros bandos, no negociaban con ellos. Los hermanos Arellano Félix eran los dueños omnipresentes de la plaza.

El amigo de Marco no le dio detalles. Él formaba parte de esa banda, trabajaba en una célula. Había mucho qué hacer y mucho dinero. Pacas de dinero.

Los hermanos Arellano Félix mantienen cierta presencia en estas ciudades del norte. En Sinaloa, por ejemplo, tienen una presencia discreta, a veces muda, en las calles de las ciudades más importantes. En algunos municipios, como Culiacán, pero sobre todo en Mazatlán y San Ignacio, cuentan con células que parecen flotar a la hora de moverse: descalzos, sigilosos, fantasmales y etéreos, para no pisar ni asomarse ni ser vistos.

Células sin nombres. Desapellidadas y con domicilio desconocido. Células de pistoleros que entran, pegan y se van. No pueden recibir golpes. Prohibido las bajas. Prohibida la muerte. Son tan pocos que no pueden permitirse morir. Y la muerte también tiene dueño: Joaquín Guzmán Loera, el "Chapo", Ismael Zambada García, el "Mayo", sus operadores, secuaces, parientes y socios. Todos son uno. Todos en todos lados. Ellos ninguno, nadie, nada.

La sierra es mejor. Los pinos son cobija. La montaña es guarida. Los plantíos de mariguana y amapola camuflaje.

También negocio. Allá, en San Ignacio, sí mandan. En esa pequeña serranía tienen gente para atacar pueblos, despoblar comunidades, y asolar caminos y carreteras. Aquí nadie entra. Nadie sin el permiso de gavilleros, que han hecho de todo para ejercer el poder, sobar los pectorales de la fortuna y sacar ganancias: secuestros, ejecuciones, violaciones, siembra de estupefacientes, robos y asaltos.

La sierra de San Ignacio y Mazatlán es la tierra de Manuel Salcido Uzeta el "Cochiloco", aquel pistolero y operador del narco que fue discípulo de Miguel Ángel Félix Gallardo en los ochenta y fundador con éste del Cártel de Guadalajara. Salcido fue asesinado en Guadalajara, el 10 de octubre de 1991, por sicarios que viajaban en una motocicleta. Fue muerto a tiros. Al estilo colombiano: los homicidas le dispararon desde una motocicleta que nunca dejó de avanzar. En el lugar la policía encontró 110 casquillos y una granada de fragmentación.

Rosalvira no dejaba de considerar a Marco como un hombre mujeriego, un pobre vago, desmadroso y malhablado. Le decía a él, y a quien se lo preguntara, que no lo quería y que no se explicaba tanto tiempo a su lado ni haberse embarazado cuatro veces. Sin embargo, Marco no dejó de llamarle nunca por teléfono a su mujer. Le preguntaba por los niños. Atento pero seco en las expresiones, insistió una y otra vez en saber de ella y de sus hijos. Pero también terco en invitarla a Tijuana y a que regresara con él. Ella se negó. Y con esa paciencia y ese picar piedra, un día le dio el sí.

Lejos de la familia, en esa península besada por un mar en el que los paseantes no pueden bañarse por lo helado de sus aguas, se reencontraron. Marco reconoció sus errores y le ofreció refundar el matrimonio, darle la vuelta a la hoja y empezar en una página en blanco, reconoció errores e infidelidades, con nombres y apellidos de esas cinco mujeres que había tenido como amantes, detalles. Rosalvira le habló de lo que a ella le había provocado tanto dolor, ese que se había quedado a vivir en el lado izquierdo de su pecho, y que se había transformado en odio añejado. Se perdonaron. Se confesaron. Se anegaron mutuamente. Se confundieron, entre abrazos y besos en el rostro. Besos tiernos. Besos que secan. Besos bálsamos. Besos que cauterizan.

Marco no era bien parecido. Pero tenía algo que nadie explicaba, que se disfrutaba: era agradable, simpático, portador de un carisma impresionante, buena onda, accesible e inteligente y con una seguridad arrolladora. Mediana estatura, moreno, esbelto, pelo ondulado, una mirada pícara, escudriñante, una sonrisa con la que era capaz de abrazar, subir a los pómulos y hacer brillar esos ojos aceitunados.

Para él, Rosalvira era su mundo, su todo. No era cariñoso pero bastaban esas miradas conjugadas magistral y mágicamente con esa sonrisa para calmarla, convencerla y firmar la tregua. Su inteligencia, esa audacia, se lo permitía. Tampoco fumaba ni tomaba, mucho menos le entraba a la cocaína o a la mariguana. Era un neurótico espontáneo.

Se llevaban tan bien que se mentaban la madre, se mandaban a la chingada, le decía ella vete más lejos y el otro se la regresaba. Y luego, como si no hubieran existido insultos apenas unos segundos antes, se tomaban de la mano y se abrazaban. Luego venían las comidas, ir al centro comercial de compras, los regalos y cumplir dos, tres caprichos. Caros y placenteros caprichos. Y él presumía esas victorias. Y la presumía a ella.

Ella sabía en qué andaba. No tenía miedo. Marco sabía cuidarse, traía pistolas y muchas balas. Sabía moverse y cómo hacerle. Todo lo sabe. Rosalvira lo esperaba cada noche, cada semana, tranquilamente, sentada en el amplio sillón de la sala, acostada en la recámara, con la tele encendida, recién bañada. Él se perdía cada determinado tiempo, cada vez más seguido, una o dos semanas. Le hablaba por teléfono, parco, tranquilo, siempre usando el mismo número. Era el aparato que usaba para llamarles exclusivamente a ella y a sus hijos. Cuando sabía que llegaría pronto, se lo anunciaba. Le decía "ahí nos vemos ahorita", pero no cuándo ni a qué horas. Él llegaría, invariablemente, de noche. Entraría con esa mezclilla, sus zapatos negros, sin esas botas de avestruz que no se ponía porque no le gustaba andar de ostentoso ni haciendo escándalos ni llamando la atención. Las armas siempre se quedaban dentro de la camioneta, escondidas y accesibles, listas para él.

Su jefe era desconfiado. Tenía su grupo de pistoleros, sus operadores, casas de seguridad, contactos e infiltrados. Pero si a alguien seguía, si en alguien confiaba y le hacía caso, era a él. Marco lo contradecía, le decía no es cierto, estás equivocado y lo cuestionaba. Nadie más. Todos se le quedaban viendo, como diciéndole "cállate", pero él no hacía caso. "Jefe", le decía, "dé vuelta aquí", "más adelante está un retén", "por estos rumbos hay mucha vigilancia, no vaya a ser que anden por aquí los guachos". Y en las negociaciones, casi al oído, en corto, le recomendaba que cuando pudiera evitar los enfrentamientos aprovechara las coyunturas, y que igual considerara la posibilidad de negociar para salir airosos, vivos, de cualquier contingencia. El jefe asentía con la cabeza. De pocas pulgas y palabras, le contestaba un "tendrás razón".

Rosalvira era una muñeca, una barbi: acinturadita, alta, esbelta, caderona, pechos erguidos, pelo quebrado, blanca, altiva y un andar de pasos largos y seguros, de pasarela. Generosa con la gente, sencilla, agradable y platicadora. Entre sus virtudes estaba la conmiseración hacia los indigentes y los animales. Decenas de perros y gatos, cojos, viejos, hambrientos, tuertos, lisiados y sarnosos, fueron recogidos por sus manos y llevados a su casa, donde pasaban días, semanas, y luego los daba de alta.

Era inevitable. A su paso, todos volteaban a verla. Y Marco los veía. Entonces avanzaba su mano por la cintura de Rosalvira. Apuraba su brazo para postrarlo en su blanco hombro. La jalaba hacia sí. Arrepegones discretos, de lado, tibios, con firmeza. Y un beso en el cachete, una mirada. Y él se sentía mirado por Dios, en ese ejercicio de confirmación del matrimonio, de su pareja…

Tal vez un presentimiento. La relación de Marco con su jefe se estaba haciendo tirante. Reflejaba inseguridad en su mirada torva, enferma.

Él apenas llegaba a su casa. Como siempre. Bajaba de la camioneta, ya estacionada en la cochera de su casa, de noche, de madrugada. Las armas adentro de la cabina, en un compartimento que sólo él y su jefe conocían. Y todo era entrar, pisar la sala, querer sentarse, mear en su baño, saborear esa piel que lo esperaba en la recámara, cuando sonaba el teléfono. Era su jefe. Le pedía que se regresara. Al principio seguía sus instrucciones. Así fueron varias semanas, luego de que él pedía permiso para ir a su casa a ver a su familia. Dos o tres días, para descansar. Habían pasado jornadas de tres semanas fuera. Transando, negociando, colocando coca en el mercado, ordenándole a sus pistoleros "mátalo". Así que estaba cansado y pidió esquina. Al principio le decía que sí, pero dos días. Se los concedía luego de gritos, de insubordinaciones y negociaciones. Pero después, cuando llegaba a su casa, apenas queriendo quitarse los zapatos, le hablaba por teléfono para que volviera. Y así lo hizo. Hasta que se cansó. Un día le contestó que no se regresaría, que acababa de llegar a su casa. Un "luego te hablo" sellaba la conversación.

Pero él presintió. Algo vio u olió. Algo hay en esa mirada del jefe. En ese ánimo paranoico, de Frankenstein alterado. El jefe ya no le hacía mucho caso. Desoyó sus consejos, desechó propuestas. Ambos se encararon. Y el jefe como que andaba distraído, como que viajaba sin moverse de su lugar. La desconfianza se le instaló en los pómulos, en esas muecas torcidas de su cara.

Por esos presentimientos que dibujaron nubarrones en su firmamento, en ese futuro incierto, le recomendó a su mujer que invirtiera parte del dinero en un negocio: una estética, tienda de ropa, lo que sea. Tenía que buscar un local, ver lo de los trámites, investigar en el gobierno sobre los requisitos y luego, una vez definido el giro del establecimiento, contratar personal y negociar con los proveedores. Al otro día, con un acelere poco común en él, llegó con los papeles de dos camionetas de modelo reciente, un automóvil Jetta blanco, un terreno, una casa en obra negra, una vivienda de dos pisos y varias recámaras. Todo era de ella, estaba a su nombre. Marco le insistió en que debía apurarse y arreglarlo todo.

Rosalvira hacía trámites, buscaba la ubicación de lo que podía ser el negocio de la familia. Llegó él, llamó a Rosalvira, la despertó para decirle que nadie lo iba a detener, que nunca permitiría que lo llevaran preso. Pero que si acaso eso sucedía, que no gastara en abogados ni en trámites ni en ir a visitarlo a la cárcel. Además, le encargó a los hijos y que administrara bien las propiedades. Y que si por alguna razón desaparecía y ni sus amigos lo encontraban, y pasaban semanas, meses, no se preocupara por buscarlo.

El 24 de junio de 2004 les cayó un comando de la Procuraduría General de la República a una de las casas del jefe. Ellos los vieron cuando apenas llegaban los policías, se tramaron a balazos, agarraron una camioneta blindada y se fueron en medio de la refriega. El operativo era de federales. Los policías estatales y de la procuraduría local habían quedado al margen. Los de la PGR no confiaban en ellos. Nada más participaron los de la municipal de Tijuana.

Marco le recomendó a su jefe que se calmaran, que tomaran otra vía. Su jefe no le contestó y siguió manejando en silencio, evadiendo a capricho el instinto. Y al dar vuelta los atoró un retén. Inició la persecución. El jefe con el fusil AK-47 a un lado. No hubo oportunidad de revisar cargadores y cartuchos. Sabían que estaban abastecidos. Él palpó su nueve milímetros aprisionada, en la cintura, bajo el pantalón. Otra más frente a él, bajo el tablero, en un compartimento. Balas, saca las balas.

El jefe manejando. Marco no cabía en la cabina. El asiento le quedaba chico. Las piernas no alcanzaban a estirarse en el tapete del suelo. Transformó su rostro en una dura piedra, hinchada y seca. Marco y su máxima: a mí no me van a detener, yo no nací para la cárcel, me la voy a jugar. Adelante los esperaban las luces rojas y azules de las torretas. Los fusiles se alzaban, en lo alto. Hombres uniformados, apertrechados, parapetados en las patrullas, y en los alrededores. Sobó de nuevo la pistola. Les dispararon a las llantas. La camioneta se volcó. Se escucharon gritos de ambos lados. Órdenes, mentadas, aullidos de pavor y dolor. Marco sacó el arma. Puso un pie en el estribo. Terminó de bajar. Traía en su mano la nueve milímetros, apuntó y empezó a disparar.

Todos fueron sometidos. Los de uniforme los desarmaron. Quedaron bocabajo, con las manos esposadas, hacia atrás, mordiendo el asfalto. Él quedó mirando hacia arriba. Las palmeras bailaban. Corría viento. Las nubes dibujaban mapas irrepetibles, algodones caprichosos, danza de agua, frío y viento. Frío. Estaba muerto. El médico del hospital lo vio. Un impacto de bala en la espalda, de fusil AR-15, calibre .223, le había atravesado, viajado en sus dentros, destrozado órganos, penetrado su esternón. Es Martín N, escribió en el parte informativo un investigador federal.

Los federales decomisaron en ese operativo una ametralladora tipo Barret, calibre .50, cuyos proyectiles pueden penetrar blindaje, un rifle de asalto AK-47, de los llamados cuernos de chivo, seis fusiles AR-15 calibre .223, una pistola Luger .9 milímetros, alrededor de mil cartuchos calibres .50, 7.62 y .223. Además, dos juegos de esposas, radios de comunicación, teléfonos celulares, uniformes con identificaciones metálicas tipo "huevo" de distintas corporaciones policíacas. También una camioneta Explorer color vino, placas BAZ-4460, un Mercedes Benz gris, matrícula HZJ-1037, de Jalisco, y un Chevrolet Avalanche gris, placas AL-11952.

El entonces Procurador General de la República, Rafael Macedo de la Concha, ofreció una conferencia de prensa en la Ciudad de México para informar sobre este operativo y dijo que los detenidos podrían estar relacionados con el asesinato del periodista Francisco Javier Ortiz Franco, editor del semanario *Zeta*.

Uno de ellos, a quien llaman el "Cris", era el jefe, el líder, el pistolero favorito de los Arellano Félix, a quien se encargaban las ejecuciones, los jales más pesados, los trabajos especiales, dijo el funcionario federal.

Rosalvira tiene 36 años. Respira hondo. No habla de esto con sus hijos. Les dijo que su padre se fue al cielo. Se los anunció en un atisbo de conversación, sin preguntas ni detalles. Pero nadie habla de su muerte, nadie explica los por qué. Los niños repiten y repiten que su papá está en el cielo, que desde allá los cuida.

Qué tiempos aquellos en que gastaban 100 mil pesos en regalos de navidad. Tres días de compras. De escaparates, *tickets*, fajos de dólares, cajas, envoltorios, moños, etiquetas, precios. Nada importaba.

No podría seguir con sus 20 perfumes, incluido ese en cuyo interior llovía polvo de oro cuando el frasco se ponía de cabeza. Ese nivel de vida se desbarrancó. Se dio cuenta no cuando él murió, sino al momento de asumir los pagos, saldar las cuentas, sacudir su bolso, su monedero, la billetera. Poco le duraron las tres camionetas, el lote, la casa a medio construir, la otra vivienda. Vendió una parte. El resto dejó de ser un lujo. Ahora era un medio de transporte. Hay que fijarse cuánto gasta de gasolina y no moverla mucho.

Cientos de miles de pesos en joyas, pulseras, dijes, anillos, aretes, piedras preciosas, relojes, collares… tenía en un maletín, pero todo se fue a remate. Excepto, algunas cosas que hay que dejar para la memoria y la nostalgia, para esa historia íntima: tan de ellos dos, de una relación amorosa sin amor, en la que él terminó muerto y ella viva, joven, barbi, asomándose a esa realidad en la que debía despedirse de la opulencia y pisar la tierra, respirar el polvo, como aquel de su barrio, de su calle.

Al año conoció a un chavo. La cortejó. Empleado de una tienda de empeño. De él sí se enamoró.

Una piedra que llora

Aurora Fuentes Vega es padre y madre, grande, jefa de familia, líder y mandamás, y empresaria agrícola y ganadera. Está al frente de la finca Santa Aurora y de todos los negocios que ello implica. Procreó y sigue procreando, como quien amamanta, cuida, cobija y da sombra, a su familia. Empezó con aquel, el más famoso de sus hijos, el mayor, cuya foto sobresale en la sala de su casa, en un pequeño altar que jala los ojos de los visitantes: Amado Carrillo Fuentes, el "Señor de los Cielos".

Aurora, con ese nombre de amaneceres como de pieza musical, tiene rostro de piedra. No sonríe pero no deja de ser amable. Y dura, muy dura: por esas arrugas asoman la muerte de dos hijos, otro más desaparecido, un nieto detenido, y una nuera y cinco nietos a quienes desde hace 10 años no ha visto.

Tiene la persecución sembrada en esa mirada, bajo el pelo entrecano, fresco y lacio, recién bañado. El gobierno, el ejército, la policía federal, todos, andan tras su familia, correteándolos, esperando que se muevan, que salgan, que se asomen. Nada más por el apellido, dice ella.

Si sus hijos son narcotraficantes, asegura, ellos sabrán. A algunos, insiste, tiene años que no ve y ni siquiera le hablan por teléfono, porque "no tiene caso, todos sabemos que esos aparatos están intervenidos".

Aurora Fuentes Vega tiene 74 años. Nació en el municipio de Guadalupe y Calvo, en el estado de Chihuahua, ubicado entre barrancas profundas de más de tres mil metros y la tupida orografía de la Sierra Madre Occidental. Colinda con los estados de Sinaloa y Durango, en el llamado Triángulo Dorado, zona propicia para la siembra de estupefacientes, principalmente amapola.

Aurora fue una de los nueve hijos y su padre, de quien no recuerda un solo regaño, era un coronel del Ejército Mexicano, de nombre Cipriano Fuentes López, quien portaba orgulloso el uniforme militar.

Allá conoció a quien después sería su esposo, Vicente Carrillo, y emigró con él a la comunidad de El Ranchito, luego a El Guamuchilito, ubicada en lo que antes era la sindicatura de Navolato, pero que entonces formaba parte del municipio de Culiacán. Llegó a tierras sinaloenses cuando estaba embarazada de Amado, quien nació en 1956. Vicente Carrillo se dedicaba a la siembra de frijol, maíz, ajonjolí y sorgo. Ahí tuvieron 14 hijos, ocho mujeres y 6 hombres. Pero desde mediados de los ochenta quedó al frente de todo, ante la muerte de su esposo.

En los setenta, Amado emigró a Ojinaga, Chihuahua, debido a problemas de salud y ahí se enroló con su tío, Ernesto Fonseca Carrillo "don Neto", en el cuidado de costales de mariguana. Amado vivió ahí durante mucho tiempo, regresó luego, cuando tenía alrededor de 20 años, a Sinaloa, y volvió de nuevo a aquella entidad.

Fonseca era uno de los capos más poderosos del país, con Rafael Caro Quintero y Miguel Ángel Félix Gallardo, todos ellos originarios de Sinaloa: formaban un solo equipo, aunque tenían negocios por separado y entre ellos había una relación que traspasaba con mucho la organización empresarial.

Para entonces, cuando se asomaban los ochenta, ya la sombra del narcotráfico pesaba sobre ellos, especialmente sobre Amado. Joaquín Guzmán Loera, el "Chapo", también sinaloense, se alió con Félix Gallardo, a quien llamaban el "Padrino", por su liderazgo y poderío. Ambos operaban en Jalisco, en el llamado Cártel de Guadalajara, que dirigía Félix Gallardo, tío de los hermanos Arellano Félix.

Félix Gallardo fue detenido en 1989 y los Arellano se fueron a Baja California, donde fundaron su organización criminal, el Cártel de Tijuana. Guzmán emigró a Sinaloa para operar con Ismael Zambada García, el "Mayo", el Cártel de Sinaloa.

En esta década fueron detenidos Caro Quintero y Ernesto Fonseca, "don Neto", acusados de asesinar a Enrique Camarena, elemento de la Agencia Antidrogas (DEA), de Estados Unidos, y al piloto mexicano Alfredo Zavala Aguilar, a principios del 85.

Amado Carrillo Fuentes era discreto. Esa mirada de lado, medio agachado, con el pelo cubriéndole la frente y media cara, lo caracterizaba. Sus amigos lo calificaron como un hombre inteligente y aventado. Realizaba operaciones financieras y de trasiego de droga que invariablemente le resultaban exitosas. Pronto fue el dueño de las nubes, los aires y la flota de aviones que más envió cocaína al mercado estadounidense. En aquellos tiempos, la DEA aseguró que el Cártel de Juárez ganaba alrededor de 200 millones de dólares por semana.

Y a pesar de esa riqueza, del poder político (el general Jesús Gutiérrez Rebollo, entonces zar antidrogas del gobierno mexicano, quien estaba al mando de las operaciones contra el narco, era su aliado) y de la descomunal presencia en el mundo de las drogas y la violencia, Amado prefirió mantenerse lejos de las cámaras, los reflectores, y de las páginas de los diarios del país.

Tuvo trato con todo mundo, aun con los que muchos consideraron sus más acérrimos enemigos. Entabló negociaciones y multiplicó relaciones con los cárteles de Tijuana, igual que con Ismael Zambada, el "Mayo", y con Joaquín Guzmán Loera, el "Chapo", aunque también hay quienes afirman que se entendió incluso con el Cártel del Golfo, de Juan García Ábrego y Osiel Cárdenas, actualmente presos.

De alguna manera, señalaron conocedores de las organizaciones del narcotráfico, permitió cierto nivel de convivencia y ejerció liderazgo. Y su presencia e intervención evitó además enfrentamientos entre grupos regionales. Su muerte, aseguran, abrió un boquete en este escenario aparentemente calmo, de diálogo y negociación. Una oquedad para la colisión.

Nadie le avisó a Aurora. Ella estaba en su casa, en esas labores que la mantienen ocupada todo el día, al frente de la finca Santa Aurora: los trabajadores en la trilla del maíz, los camiones en la recolección y el traslado del grano y dirigiendo también a la otra cuadrilla que da agua y alimento a las cerca de 3 mil cabezas de ganado (vacas en engorda, lecheras, monstruosas de tan sanas, enteras, de buen color y tersura, inquietas y paquidérmicas).

Aurora estaba en la sala, esa sala amplia de 10 por ocho metros. De noche hay quietud y las aves nocturnas circundan la finca, rodeada por una barda gruesa de alrededor de tres metros de alto. Los jardines delanteros siempre están iluminados. Mientras la noche avanza, los animales, los avestruces, los tres perros, duermen. Duerme la mayoría de los trabajadores y casi todos los integrantes de la familia Carrillo Fuentes.

El teléfono sonó a medianoche. Las llamadas que generan sobresaltos son de madrugada, como esa. Del otro lado del aparato telefónico se escuchó la voz de alguien educado, acostumbrado a pedir información y a dar noticias, con una voz de plomo que aterra y al mismo tiempo tranquiliza. Golpe y aspirina, con el ring del teléfono. Otro golpe, otro analgésico con esa voz segura, impostada, tranquila. Se presentó. Era médico. Le dijo: "Señora, todo salió bien, no más una pequeña... pero todo bien."

"Hasta ese momento me enteré que lo habían operado, porque yo no sabía, no estaba enterada, por eso me sorprendí cuando me llamó el médico, pero también me sentí tranquila con lo que me dijo, y me quedé en paz", señaló Aurora Fuentes.

Al otro día, recordó, se levantó y realizó sus actividades cotidianas al frente del negocio y de la familia. A media tarde recibió una nueva llamada telefónica. Esta vez era Amado Carrillo. Le reconoció la voz en cuanto escuchó su timbre en el auricular. Le dijo, según contó ella misma, que estaba bien, que lo habían operado, pero que había sido una intervención quirúrgica exitosa y que pronto estaría de nuevo de pie y circulando. Le dio gracias a Dios. Platicaron brevemente. Fue una conversación cálida pero no podían extenderse más. Se despidieron entre besos y abrazos auditivos, y buenos deseos.

Amado estaba en plena recuperación cuando uno de los médicos que no había participado directamente en la intervención quirúrgica (cuyo propósito era modificar su rostro), se quedó durante la convalecencia con él. Y fue él, según la familia, quien le inyectó "algo" y lo mató.

Fue el 4 de julio de 1997. Al día siguiente la familia hizo gestiones apuradas para llevárselo a Culiacán. Estaban en la funeraria San Martín y hasta ahí llegó la señora Aurora Fuentes y sus hijas. Y tras ellas unos cincuenta sujetos visiblemente armados. Todos, asegura la familia, eran agentes de la entonces Policía Judicial Federal, de la Procuraduría General de la República (PGR).

Uno de ellos, que aparentemente era el jefe de la operación, les dijo, sin mirarlas: "Háganse a un lado." Doña Aurora, según recuerda, le contestó "¿Qué pasa, por qué se lo llevan?" El mismo funcionario le dijo que allá, en el Distrito Federal, le iban a informar.

Durante aproximadamente ocho días las autoridades federales realizaron pruebas periciales y enviaron y recibieron información al gobierno de Estados Unidos, cuyos agentes también estaban en la Ciudad de México.

Ya de vuelta, en Culiacán y luego en Navolato, las exequias fueron breves. Una noche y al día siguiente el sepelio, en la cripta familiar de los Carrillo Fuentes, en el interior de la finca Santa Aurora.

Ahí permaneció Aurora, autista y valiente. Ida a ratos, silente, atendiendo a los invitados, fuerte, como una columna de ese Partenón en que habían convertido la finca.

A la muerte de Amado Carrillo le siguió el jaloneo sobre quién podría sucederlo. En las principales plazas en que operaba el Cártel de Juárez y sus aliados se barajaron sucesores. Muerto el "Señor de los Cielos" se incluyó la posibilidad de que Joaquín Guzmán Loera, el "Chapo", fuera su sucesor, pero también Vicente o Rodolfo Carrillo, hermanos de Amado. Era el reacomodo de las bandas.

Guzmán estaba preso desde 1993, luego de haber participado, según las autoridades federales, en el enfrentamiento a balazos en el aeropuerto de Guadalajara, contra los Arellano Félix, donde murió el cardenal Juan Jesús Posadas Ocampo. Así que las operaciones del Cártel de Juárez estarían en manos de los hermanos Carrillo Fuentes. Pero el escenario se turbó en enero de 2001, cuando el país estrenaba "el gobierno del cambio" con Vicente Fox Quesada como presidente, el "Chapo" huyó del penal de máxima seguridad de Puente Grande, ubicado en el estado de Jalisco. El capo, se dijo, se evadió en un contenedor de ropa sucia, luego de haber sobornado a directivos y personal de seguridad de este centro penitenciario.

La fuga de Guzmán calentó las negociaciones y hubo estirones, distanciamientos, acercamientos y jaloneos entre las organizaciones del narcotráfico que habían permanecido cercanas. El "Chapo", apoyado por Ismael Zambada, el "Mayo", sería el jefe de una de las principales plazas del narco en el país: Sinaloa. Los acuerdos tejidos entre los negociadores eran destejidos después, entre celos, ambiciones y enemistades aplazadas. Las partes insistían: de un lado, en que quedara Guzmán, del otro, del Cártel de Juárez, proponían que el jefe de la plaza fuera Rodolfo, también llamado "Niño de Oro", quien ya coqueteaba con los treinta años.

Entre acuerdos y desacuerdos, pactos fallidos y negociaciones rotas, Rodolfo Carrillo Fuentes fue ultimado a balazos, con su esposa Giovanna Quevedo Gastélum, un 11 de septiembre de 2004, en el centro comercial Cinépolis en Culiacán. En el ataque fue herido Pedro Pérez López, comandante de la Policía Ministerial del Estado, jefe de Investigaciones de la corporación, quien estaba fungiendo como su jefe de seguridad, y murió un cuidacarros que fue alcanzado por las balas en el estacionamiento.

La pareja, señalan testigos, no alcanzó a llegar al automóvil compacto, color blanco, blindado, que los esperaba a la salida del centro comercial. Los dos hijos, ambos menores, salieron ilesos.

Esa jornada que incluyó enfrentamientos, ejecuciones y persecuciones, arrojó cinco personas muertas.

Aurora andaba en esos trajines que la mantienen ocupada, de arriba para abajo, de la finca a las tierras, entre los trabajadores y la administración de los negocios. Uno de los empleados se le acercó y le dijo: "Acaban de matar a Rodolfo."

Ella no lo creyó. Ni siquiera sabía que su hijo, acompañado de su esposa Giovanna y los hijos de éstos habían ido al cine, a Culiacán. Les dijo a sus hijas, se prepararon y acudieron a la capital del estado. En el Servicio Médico Forense le aplazaron la entrega. Le dijeron que estaban haciendo la autopsia y otras pruebas. Que se esperara. Le recomendaron que hablara con el personal de la agencia del Ministerio Público que llevaba el caso. Ella se movió, hizo gestiones. Habló con uno y otro sin detenerse. De esa tarde de septiembre a la siguiente mañana acumuló arrugas y su mirada perdió brillo. Pero ese rostro inmutable parece padecer de sequía, de una resignación ancestral que niega las lloviznas del verano culichi en sus cuencas y pómulos.

"Vengo por mi hijo." Así repetía cuando se presentaba en una y otra oficina. "Entréguenmelo." Tres días corriendo, caminando, sentada, de pie, esperando, alimentando las salas que desesperan, aguantando parsimonias e indolencias manifiestas desde el otro lado de los escritorios. Tres días así, hasta que se lo dan.

Hubo exequias de príncipe para Rodolfo, el "Niño de Oro" y su esposa Giovanna. Un ataúd para dos, de maderas finas, acabados de lujo, amplio, brilloso: un mausoleo móvil para otro mausoleo. Otro huésped en la cripta familiar.

"Es muy duro. Lo supera uno porque hay más hijos y familia. Y tiene uno que seguir adelante", expresó, inundada de nostalgia, con una mirada inquieta. Sus arrugas parecen ahondarse, crecer, la mantienen en pie, petrificada y viva.

En marzo de 2008 ya había nubarrones mortales, tambores de guerra, en Sinaloa. Lo supo Aurora con ese corazón enfermo que la mantuvo encamada en la Ciudad de México, en un hospital privado, y que la orilló a estar bajo cuidados médicos y tratamiento.

Pero ese corazón, enfermo y todo, avisa. Y a ella le mandó latidos. Aquella noche llegaron varios encapuchados. No más de cincuenta. Todos de negro. Le dijeron somos de la Agencia Federal de Investigaciones. Traían la leyenda AFI en las camisas, en las chamarras oscuras, con letras fluorescentes, amarillas y blancas. Queremos revisar, traemos una orden de cateo.

Les dijo "Adelante. Revisen. No van a encontrar más que cuchillos y esos están en la cocina." Y uno de ellos, rápido y provocador, le espetó "Entregue sus armas." Ella, con la tranquilidad de quien se defiende y evita sobresaltos contestó "Cuáles armas." El policía le dijo que si no tenía con qué defenderse y ella le reviró que no necesitaba, puesto que no tenía miedo. Y preguntó por el que iba a cargo del operativo. Se lo señalaron.

Era un joven. Se quitó la capucha y le dijo que era agente del Ministerio Público Federal. "Es una revisión, oiga." Y sin hacer desorden pero esculcándolo todo, recorrieron patios, sala, recámaras y áreas de trabajo del personal. El cateo inició alrededor de las 21 horas y terminó cerca de tres horas después sin encontrar nada.

Sinaloa se descompuso, con sus ciudades principales: Culiacán, Mazatlán y Navolato. Todo el castillo edificado entre socios, compadres, parientes, cuñados, operadores y matones, se vino abajo. Derrumbado el reino, un nuevo imperio que no sustituye al anterior se edifica sobre huesos sangrantes y cabezas de decapitados. La detención de Alfredo Beltrán Leyva, el "Mochomo", otrora operador de Joaquín Guzmán Loera el "Chapo", fue el inicio de la hecatombe: la mecha que se encendió, que nadie ha podido apagar y que sigue explotando. La detención, por parte de efectivos militares de elite, en enero de 2008, fue para muchos una "entrega" del "Chapo", a pesar de la oposición de Arturo Beltrán el "Barbas", hermano de Alfredo, quien era, hasta ese momento, uno de los hombres de mayor confianza y cercanía de Guzmán. Ahora eran enemigos. Parientes sí, vecinos a lo mejor: pero ante todo, sobre todo, por encima de todo, enemigos, adversarios, contrincantes a muerte.

Aquel 30 de abril hubo una balacera. A ésa le siguieron otras y otras. Hubo mantas con mensajes amenazantes, manifestaciones en las principales ciudades de Sinaloa, Nuevo León y otras del norte del país, aparentemente financiadas por el narcotráfico para protestar contra el ejército que incurrió en abusos, actos de rapiña en cateos y graves violaciones a los derechos humanos, pero que también golpeó las operaciones financieras y de trasiego de droga, decomisó armas y detuvo a delincuentes ligados al crimen organizado.

En mayo, junio, julio y agosto las ejecuciones se dispararon, tanto como la sicosis colectiva: de dos asesinatos diarios, Sinaloa pasó a cuatro o cinco. Los operativos del ejército y de la Policía Federal, vestidos de acciones "conjuntas" en las que nadie participa más que los de verde olivo, también aumentaron considerablemente. La paranoia ciudadana estaba entre dos fuegos: el del narco, los sicarios y agentes de la policía a su servicio, y el del ejército y sus convoyes desfilando por la ciudad, con armas calibre .50 apuntando al frente, a todo, mirando, vigilando, acechando, temiendo y amenazando.

En esos meses todos pusieron cuotas: hermanos detenidos, hijos asesinados, primos emboscados, socios que huyeron, negocios cerrados y transacciones aplazadas, pérdidas de dinero, armas y vidas, uniformados abatidos, vecinos "levantados" y ciudadanos caídos bajo el fuego cruzado, receptores de balas perdidas.

De un lado Guzmán Loera y Zambada García, unidos e indivisibles, del otro los Carrillo Fuentes aliados con los Beltrán Leyva, y para algunas operaciones respaldados por los llamados Zetas, el Golfo y los Arellano Félix.

Los muertos se multiplicaron: los camellones, banquetas, estacionamientos de plazas comerciales y atrios de iglesias parieron cruces, altares de muertos por estos enfrentamientos y ejecuciones. La ciudad fue un cementerio y zona de ejecuciones.

El ejército instrumentó operativos "sorpresa". Por eso barrió cuadras, calles y colonias. Lo hizo en cuadrillas, con personal armado en las esquinas, camionetas y Hummers artilladas en la calle contigua. Con pistolas moleculares GT-200 que detectan armas, dinero, cartuchos y droga, batió patios, recámaras, establecimientos comerciales y bodegas. Los uniformados llegaban a las viviendas, pedían a la gente que saliera a atenderlos y les decían que les permitieran entrar a revisar, pero que si no lo hacían era porque "algo deben", y entonces no eran buenos ciudadanos.

Así le llegaron a Aurora Fuentes. Ya los había visto pasar, rondando por la casa amurallada. Desfilaron una y muchas veces por la calle frontal. Levantaron polvareda cuando pasaron a prisa, disimulando. Aventaron piedras cuando lo hicieron despacio, lentamente.

Aurora los vio encaramados en lo alto de la barda. Eran varios de verde olivo, encapuchados, con los fusiles G-3 colgando del hombro o empuñados. Después del respectivo "buenas tardes", a gritos, le dijeron que les diera oportunidad de entrar y revisar. "Es una revisión de rutina." "Aquí no hay nada", contestó con firmeza Aurora y les pidió que se fueran. Pocos días antes habían revisado la casa de otro hijo que también vive en El Guamuchilito, muy cerca de la finca. "A él le sacaron todo, se lo llevaron en camionetas: aparatos, papeles, juegos de los niños, ropa, todo, como viles rateros."

Por eso Aurora les contestó que no. "Váyanse", les dijo. Bajaron de la barda, en silencio, derrotados, y se fueron. Se fueron sin irse, porque a la casa, a sus alrededores, siguen yendo, despacio y recio.

En el ajetreo del fuego cruzado, los operativos contra el narcotráfico y los "levantones" como sinónimo de ejecuciones, ocurrió lo de José Cruz Carrillo Fuentes, el menor, a quien de cariño llaman "Crucito".

José Cruz es agricultor y tiene alrededor de 120 hectáreas, donde siembra maíz y frijol. Aparentemente, señalan versiones extraoficiales cercanas a las indagatorias, él no tenía nada que ver con el negocio del narco. Es un joven calmado, que, a decir de su madre, es capaz de quitarse la camisa y dejar la comida para dársela a los demás. El joven, de alrededor de 30 años, fue interceptado por efectivos del Ejército Mexicano cerca de su casa, en

Navolato, el 27 de octubre de 2008, alrededor de las 20:30 horas.

Testigos informaron a la familia Carrillo que en la supuesta "detención" participaron agentes de la Policía Municipal de Navolato que iban en la patrulla 1430, y varios efectivos militares, quienes le dijeron a María Elena Retamoza, esposa de José Cruz: "Usted no diga nada, lo llevamos para hacerle unas preguntas. Ahorita lo traemos."

Pero ya no regresó. El gobierno insiste en presentarlo como muerto.

Aurora Fuentes de nuevo estaba absorta, inquieta, hasta que la abordó una de sus hijas, Berthila. Lo primero que le dijo, le suplicó, más bien, es que no se fuera a poner mala, que lo tomara con calma, que no se alterara. Y luego de que la madre asintió, se lo dijo: "Se llevaron a 'Crucito', se lo llevó el ejército."

Era martes, un día después de que el joven había sido "levantado" por los uniformados. La señora se apuró a buscar al jefe del destacamento militar que provisionalmente funcionaba en la ciudad. Un oficial con grado de mayor, de apellido Elviras, la atendió. Se dijo extrañado y sorprendido, puesto que él no se había enterado de ese operativo. Le recomendó, al final, que acudiera con sus jefes, a la Novena Zona Militar, y preguntara por el general comandante.

Así lo hizo Aurora. Tres días seguidos permaneció en las instalaciones del cuartel general. Sus jornadas de espera y antesala iniciaron en la mañana y terminaron a las 3 de la mañana. Algunos oficiales, un teniente y un sargento, los atendieron a ella y a sus acompañantes pero no dieron respuestas. Y el único "gesto" del comandante jefe de la plaza fue que les mandó pedir las credenciales. Al rato supieron que les habían sacado copias. Una hora después les regresaron las identificaciones.

El 28 de ese mes, estando en las instalaciones militares, Aurora supo que agentes de la Dirección de Seguridad Pública encontraron en un paraje cercano a la comunidad El diez, un cadáver con huellas de haber sido torturado y calcinado.

Los informes de peritos y personal del área forense, de la Procuraduría General de Justicia del Estado, indicaron que la víctima tenía entre 30 y 35 años de edad, y que medía cerca de 1.70 metros de estatura, tenía al menos ocho impactos de bala y estaba envuelta en un cobertor, boca abajo. En el lugar fueron localizados casquillos calibre 5.7x28, del llamado "matapolicías", ya que son capaces de atravesar chalecos antibalas.

Ese mismo día apareció abandonada la patrulla en la que iban los agentes que supuestamente participaron en la aprehensión de José Cruz. En su interior estaban los chalecos antibalas y las armas de fuego.

El cadáver fue enviado al Servicio Médico Forense para las pruebas periciales del caso. Horas después, durante la noche, el cadáver fue "rescatado" por un comando compuesto por alrededor de 15 sujetos, todos ellos fuertemente armados, vestidos de negro y encapuchados. Los sujetos llegaron al inmueble del SEMEFO —ubicado junto al Instituto de Ciencias Penales y Seguridad Pública, donde forman a los agentes de las corporaciones locales—, a pocos metros de la base de la Policía Federal Preventiva y del Centro de Ejecución de las Consecuencias Jurídicas del Delito, el penal más grande del estado, y junto a las instalaciones de la Procuraduría General de la República (PGR), donde también opera la Agencia Federal de Investigaciones (AFI). El guardia de seguridad, de una agencia privada, con tolete, un pequeño depósito de gas pimienta entre las fornituras y sin armas de fuego, no pudo hacer nada para impedirles la entrada. Ni quiso. Los encapuchados entraron y se dirigieron hasta el fondo, donde se depositan los cadáveres, se llevaron el cuerpo del calcinado.

"Estamos a expensas de los pinches delincuentes", dijo después uno de los empleados del SEMEFO, quien pidió anonimato, por temor a represalias. Pidió también condiciones de seguridad para realizar sus labores.

La agencia tercera del Ministerio Público abrió la averiguación previa 157/2008 y, por las armas que usaron los delincuentes, la dependencia informó del caso a la Procuraduría General de la República, ya que se presume la participación del crimen organizado.

El lunes 10 de noviembre un grupo de cerca de medio centenar de hombres armados "levantó" a 27 jornaleros agrícolas del rancho La Guajira, ubicado en el municipio de Navolato. Todos ellos fueron liberados a los tres días y regresaron por su cuenta a las carracas habilitadas como viviendas, en este campo. En sus declaraciones ante el Ministerio Público, los jornaleros señalaron que los mantuvieron atados, amordazados y con el rostro cubierto. Aseguraron que sus captores permanecieron ahí, les dieron comida y agua, pero no hablaban entre ellos.

A través de un comunicado, la vocería del Operativo Conjunto Culiacán-Navolato informó que el rancho, que funciona como empacadora de hortalizas, tenía como apoderado legal a una persona identificada como Pablo Jacobo Retamoza, hermano de María Elena, esposa de José Cruz Carrillo Fuentes.

Apurado y sorprendido, Jesús Aguilar Padilla, gobernador de Sinaloa, afirmó que dicha versión "no estaba confirmada". Pero era un hecho: el rancho era propiedad de los Carrillo Fuentes y el "levantón" de los jornaleros no podía zafarse de los casos de ajustes de cuentas, los enfrentamientos entre los cárteles del narcotráfico y la desaparición de José Cruz. Eran eslabones de una misma trama. Episodios cruentos de una misma conspiración.

Aurora trae un papel arrugado por tantas dobleces. Ella parece acumular esas arrugas en su cara, alrededor de sus ojos, en la frente, nariz y boca. Ese trajinar con los papeles, los mismos papeles, le han salpicado de dobleces la mirada, que ahora está quieta, sumergida en ese documento con la relación de matrículas de las unidades del ejército que, asegura, participaron en la supuesta detención del menor de sus hijos.

Las unidades del ejército, entre ellas algunas Hummer o tanquetas, tenían como matrícula la serie 092 y los números subsecuentes: 4149, 4151, 4161, 4167, 4166, 4057, 4048, 4044, 2480, 2441, 4026, 4050. Aurora pregunta: "¿Qué motivo tenían para llevárselo?" Y reclama, acusa: "Si el ejército se lo llevó ellos deben tenerlo, ellos deben saber, así que deben de informarme, porque como madre tengo derecho a saber, que me digan si está vivo o muerto, y me lo regresen.

"Ahora hablan de aplicar la pena de muerte a secuestradores, de reformar las leyes para que haya más castigos, pero ¿para qué sacan esas leyes?, ¿para violarlas ellos mismos?

"Es criminal lo que hacen. Antes se confiaba en el ejército, ahora no se puede confiar en ellos ni en nadie", manifestó.

Su padre, recordó Aurora, fue coronel del Ejército Mexicano, en tiempos en que formar parte de la milicia era un orgullo y un honor, y motivo de admiración y respeto. Y frente a estos hechos, los abusos, la rapiña y la desaparición de José Cruz, Aurora Fuentes pasó de esa admiración, casi santificada, al odio, al sentimiento seco, engendrado y maloliente, de no saber qué hacer, qué medidas tomar, cómo responder a los soldados que se llevaron al joven, su hijo, de no saber cómo contestarle al gobierno. "¿Será contra la familia, por el apellido?", se le preguntó. "¿Cuántos Carrillo hay en este mundo? Muchísimos. Entonces por qué se ensañan con nosotros."

Aurora le ha reclamado al ejército, a la Procuraduría General de la República y al mismo presidente Felipe Calderón Hinojosa. Les pregunta por su hijo, les solicita, exige, que le digan dónde lo tienen, cómo está, y grita que se lo regresen cómo esté, vivo o muerto. "¿Le ha escrito al presidente Calderón?" "No, le he pedido que intervenga, como madre y como ciudadana, a través de los periódicos, pero no contesta. Y yo no veo nada claro. No hay nada de gobierno del cambio. Así que no quiero gastar tinta ni creo que si escribo, lea y conteste."

La jefa de la familia Carrillo citó a los reporteros. No fue una conferencia de prensa porque los periodistas y fotógrafos llegaron uno a uno, sin horarios ni restricciones.

Ahí mostró la relación de matrículas de las unidades militares que aparentemente participaron en el "levantón" de José Cruz.

La PGR contestó y pidió a la madre y a Luz Berthila, su hija, que se hicieran la prueba de ADN. Las muestras fueron enviadas a México, donde tienen las características genéticas de otros integrantes de la familia, empezando por Amado Carrillo, cuyo cadáver fue estudiado milimétricamente por las autoridades federales mexicanas y de Estados Unidos. A los 22 días llegaron los resultados, pero no se los anunciaron a Aurora, sino a las hijas Luz Berthila, Alicia y María Luisa. Les dijeron que habían salido positivos pero que no querían informarle a la madre. Que estaba confirmado que Berthila y la persona encontrada muerta, calcinada, eran descendencia de la misma persona.

Doña Aurora, con el aplomo de sus más de siete décadas y tantas vivencias, fue informada por sus hijas. Se molestó porque no fue a ella a quien le notificaron. Les contestó con una pregunta: "¿Es que acaso tengo hijos que no son de mi marido?"

Los funcionarios federales se negaron a proporcionar copia del resultado de los exámenes periciales practicados al cadáver y a ellas. El argumento, ante la insistencia de los Carrillo, fue que se trataba de documentos confidenciales, que no podían hacerlos públicos.

Meses después, cuando el reportero Wilberth González, del semanario *Ríodoce*, pidió formalmente a la Secretaría de la Defensa Nacional información sobre este operativo, unidades y elementos participantes, ésta respondió que había decidido reservar el caso por 12 años, con el argumento de que estaba en juego la seguridad de las fuerzas armadas y la integridad de sus elementos.

> … en virtud de que los vehículos militares están en apoyo de las actividades contra el narcotráfico y la delincuencia organizada, proporcionar el lugar donde se encuentran, permitiría ubicar al personal militar que participa en las diferentes operaciones, poniendo en riesgo su integridad física ante una posible emboscada o ataque, debido a que sus actividades inciden directamente en los intereses de las organizaciones delictivas.

El 15 de diciembre se hizo una nueva solicitud sobre las personas detenidas por el operativo Culiacán-Navolato del 2 de mayo al 16 de diciembre de 2008, la SEDENA respondió que en total fueron 271 varones detenidos y presentados ante el Ministerio Público Federal. Pero en la relación de aprehendidos no estaba José Cruz Carrillo.

Con esto, las autoridades castrenses niegan haber tenido en sus manos al menor de los Carrillo, quien otras autoridades del gobierno de la República dieron oficialmente por muerto.

Versiones extraoficiales cercanas a las indagatorias señalan que José Cruz podría estar detenido en instalaciones militares, en algún cuartel de la capital del país, tal como lo señalaron inicialmente integrantes de la familia Carrillo. Otra versión indica que la detención fue orquestada entre militares y grupos delictivos contrarios al Cártel de Juárez, como un acto de venganza. Y la tercera versión es que el hermano menor del "Señor de los Cielos" está muerto.

En una de las declaraciones sobre este caso, Eduardo Medina Mora, en ese entonces titular de la Procuraduría General de la República, aseguró que el cuerpo hallado calcinado, y robado del SEMEFO de Culiacán la madrugada del 28 de octubre, correspondía a José Cruz Carrillo Fuentes. Dijo que las características del homicidio correspondían a una venganza, pero no detalló dónde ni quién, o para qué se robaron el cadáver.

Fue el mismo Medina Mora quien señaló que para ellos el caso de José Cruz Carrillo Fuentes estaba cerrado.

"¿Cerrado? Díganle que si está muerto que me lo entregue, pero si no es se lo devuelvo para atrás, porque si para ellos está cerrado, para mí no. Yo no lo cierro ni lo doy por cerrado. Que lo entreguen vivo o muerto, y entonces cuando me lo entreguen doy por cerrado el caso, menos no. Así pasen cien años yo no lo cierro, estaré esperando, buscando, luchando, mientras Dios me dé fuerzas", respondió Aurora, cuestionada por periodistas, ante el anuncio del funcionario federal.

"Ese cuerpo calcinado tampoco creo que sea, no es 'Crucito'. Yo no sentí como madre que él fuera. Yo no le creo al gobierno. Nada le creo... ¿cómo creerle con todo lo que ha pasado?

"Si el gobierno se lo llevó, advirtió, es el gobierno quien lo tiene, y si está vivo o muerto debe informar, lo tiene que entregar, porque fue un secuestro, el ejército lo secuestró."

Dura. Así se define Aurora misma: soy una mujer dura, madre y padre al mismo tiempo, al frente de una familia de 14 hijos, desde hace alrededor de 24 años. Endurecida por las inexorables manecillas. Petrificada por tantas experiencias, esa vida macabra, colmada de muerte, a la que se agrega un nieto detenido y un hijo desaparecido, a quien muchos dan por extinto.

Está sentada en ese sillón grande, en uno de los extremos de esa sala inmensa, tanto que es mejor sentarse en la misma pieza para que lleguen las palabras y haya diálogo. En uno de los extremos está su altar. Sobresale la foto de Amado Carrillo, junto a su esposa, una bella mujer de quien no sabe nada desde hace alrededor de una década. Tampoco de sus cinco hijos. Lo último que supo, sin confirmar, es que vive en algún pueblo de Zacatecas. No más.

Aurora no tiene miedo ni quiere irse. Ella misma pregunta y se contesta a dónde, con quién, por qué. No pienso huir, no tengo a dónde ni tengo motivos, insiste.

Está herida de muerte, de esas muertes ajenas que también son propias: dos hijos abatidos, uno de ellos a tiros, con su esposa, y otro más que no encuentra, que el gobierno niega porque sabe y no quiere saber.

"Dura. Así se hace uno. Me quedé sola con un montón de hijos, con los 12. Y tiene uno que hacerse de carácter pesado. Pero no me porto mal con nadie." Aurora fija la mirada, trae los recuerdos pegados a la memoria, como fotografías, y enumera nombres, fechas, datos. No parece esforzarse. Y a pesar de ese coraje, esa rabia y ese odio, no se expresa con groserías. En su voz no hay mentadas ni chingados ni pinches ni cabrones. Para qué. No los necesita. En esa voz están implícitos. En ese sentimiento oscuro, doloroso, en cada muerte y en cada caída, en cada Jesús en la boca, cada exequia con su rosario, cada lágrima no emanada.

"¿Usted no llora?"

"Sí lloro. A solas, cuando me acuerdo, de noche. Cómo no va a llorar uno, oiga. Con tanto dolor... el peor dolor es este, que es el mío, por la muerte de un hijo. Eso es lo peor."

Sin pausas ni prisa, habla de que crió a sus hijos de la mejor manera, pero nunca supo lo que serían de grandes. Con ella y para ella, sus hijos, todos, hombres y mujeres, vivos y muertos, han sido lo mejor. Y estén dónde estén, agregó, estará con ellos.

La jefa de la familia acaba de recibir otro abono de dolor. La detención de su nieto, Vicente Carrillo Leyva, hijo de Amado, el "Señor de los Cielos", en Bosques de las Lomas, Distrito Federal, en abril de 2009, acusado de operaciones financieras al servicio del Cártel de Juárez. Para doña Aurora Fuentes, El "Vicentillo", como le decían de cariño, es un "alma de Dios, incapaz de matar una hormiga". Pero para el gobierno federal es un narco más. Un narcojunior.

En la finca todo queda chico. Hasta los tres avestruces parecen quererse brincar el cerco de tela de alambre. Seis camionetas de modelo reciente están en uno de los rincones. Tres o cuatro de ellas parecen no haber sido movidas en meses. Las telarañas alrededor de las llantas las delatan.

Las distancias son grandes: de la puerta principal al acceso a la mansión, de aquí a los baños, que están en la parte posterior, y luego a los patios, al fondo y a los lados. Todo es maderas finas, muebles grandes, acojinados, seda. Tres perros, uno de ellos parece león. Se ve bravo, no menea la cola. Tampoco ladra. Ladra otro pequeño, que es más escandaloso. Éste ladra siempre, de día y de noche. Tiene buen olfato, avisa. Es juguetón.

Aurora no se mueve. Se sentó en ese extremo del sillón que es como para cinco personas. Hay otros dos muebles a los lados, también grandes. En uno de los rincones un altar, en el que ya incluyó la foto de Rodolfo y de su esposa Giovanna. Abajo están dos grandes jarrones que le regalaron. Son de China. A un lado otra foto, la de José Cruz "Crucito", está sobrepuesta, recargada en la repisa, sin marco de madera: ni entre los vivos ni entre los muertos. Una pequeña postal del papa Juan Pablo Segundo descansa en una de las esquinas, con una oración.

Aurora trae una blusa rosa y un pantalón liso, sencillo. Un reloj en una de sus muñecas y pegada una pulsera de oro, también sencilla. Trae el pelo recogido, hacia atrás. Se ve fresca, habla sin muecas, hablan sus arrugas. Ella permanece así, petrificada. Pero no es una estatua de sal. Palpita su voz, ruge ese corazón, destellan esos ojos. Habla poco, pero cada palabra es un reclamo, una expresión rocosa, sólida, sin poros. Con veneno y rabia y odio. Le duele el pasado. Todo le duele.

"Por eso lloro. Lloro mucho. Quién va a aguantar tanto. Está canijo."

La agente ministerial Alma Chávez al llegar al Penal de Ciudad Juárez donde una trifulca sucedida el 4 de marzo de 2009 dejó un saldo de al menos 20 muertos y varios heridos. (AP Photo/Miguel Tovar)

En cumplimiento del deber

Tardeada en domingo en el Frankie Oh: refrescos y palomitas de maíz, guardias en las entradas, baños y salones contiguos. Nada de cerveza ni droga. Ni siquiera sexo. Así se lo demostraron a una pareja de jóvenes que sorprendieron con las prendas a un lado.

Año de 1988. El Olimpo estaba en esta discoteca mazatleca, ubicada por el mero malecón. Era una mezcla de arquitectura y diseño holandés, como una similar que existía en Tijuana. No había puerto ni ciudad sin Frankie Oh. No había nadie que se jactara de haber ido a la perla del Pacífico sin haber visitado este *pandemonium*.

Ahí estaban Javier, Ramón y Francisco Arellano Félix. Eran los dueños del negocio y tenían que cuidarlo. Llegaban con sus amigas, mujeres para pasar el rato y féminas de siempre. Cotorreaban. Se echaban sus cervezas y lo que se pudiera. Los hermanos Arellano ya eran conocidos en el puerto como respetados empresarios que atraían a los inversionistas locales y con quienes todos querían codearse, sabedores del poder que ya detentaban.

En la región y en Tijuana se sabía de sus negocios, de las grandes maromas para hacer que los billetes lucieran limpios y olorosos, de la mágica conversión del polvo y la yerba en maletas cargadas, armas, seguridad, vehículos de lujo, viajes y mujeres hermosas y contoneantes.

Aquella ocasión llegaron Javier y Ramón con unas jóvenes a las que no se les conocía. Eran de Tijuana, se oyó decir. Otros comentaron que las muchachas, guapas, comunes y corrientes, venían de Guadalajara.

Lo cierto es que eran simplemente bellas y sencillas. Una de ellas morena y alta, la otra güera, de mediana estatura. Ambas imponentes y simpáticas. Javier y Ramón las traían como quien alcanza un trofeo y lo presume. Las presentaron con unos y otros. Hubo fotos y siguió el cotorreo.

Los hermanos se divertían viendo a los jóvenes bailando. El espectáculo lo daban aquellos secundarianos y aspirantes a adultos, que jugaban a la disco y a la vida nocturna, a la prepa y al amor: parejas en el centro de la pista, perdidos en la oscuridad otros, en las catacumbas de aquel humeante y estruendoso lugar.

El grupo siguió ahí hasta altas horas. Javier y Ramón permanecieron con las dos jóvenes. Otros, hombres y mujeres que los rodeaban, se fueron depurando. Quedaron el cuerpo de seguridad y los más cercanos. A donde se movieran, incluso si la idea era caminar por el malecón o por la orilla de la playa, los escoltas de los Arellano tenían que seguir a las amigas que las acompañaban para resguardarlas. La vigilancia a la que eran sometidas no se notaba, pero los pistoleros y guaruras estaban ahí, a la expectativa.

Las forasteras compartieron la noche y la cama con los hermanos Arellano. Amanecieron en la casa en la playa que está junto a la disco. Una mansión con alberca, salas de juego y recámaras hasta para las visitas. A Javier y a Ramón los despertó la llegada siempre abrupta de Francisco, viejo lobo de mar: se le veía descompuesto. Algo tramaba. Los tres se encerraron un buen rato. De la noche de placer y diversión pasaron a la fría preocupación. Francisco había descubierto, según sus contactos, que las chavas no eran ni comunes ni corrientes, sino de la INTERPOL o la CIA. Ellas eran parte de un enredo que se traían los gringos en contra de ellos y que tenían más de 10 años poniéndoles cuatros para agarrarlos con las manos en la masa.

Eran tiempos de poderío en que los hermanos Arellano estaban en el cenit de influencias, imagen y negocios en su tierra adoptiva, que era Mazatlán. Un 12 de junio de 1987, tal como lo escribió el extinto periodista Jesús Blancornelas, del semanario *Zeta*, el periodista Sergio Galindo entrevistó a Humberto Rodríguez Bañuelos, mejor conocido como "La Rana" quien, además de director de la entonces Policía Judicial del Estado, estaba al servicio de los Arellano. El tema de la entrevista fue sobre el "dramático incidente" en el que los pistoleros de Francisco Arellano Félix, casi "fusilan" al presidente municipal José Ángel Pescador Osuna y su chofer: "Sucedió frente a la discoteca Frankie Oh, propiedad de Francisco Arellano Félix. El alcalde acostumbraba recorrer por la mañana las principales calles para corregir problemas sobre la marcha. Cuando llegó a la avenida Del Mar (malecón) encontró carros en doble fila frente a tal lugar. Bajó y reclamó para retirarlos. De la discoteca salió 'El Indio', un temible matón. Con otros seis puso contra la pared a Pescador y su chofer para *fusilarlos* por su atrevimiento."

Antes de que el incidente se convirtiera en crimen, intervino el jefe de seguridad de la discoteca Frankie Oh, quien, luego de insultarlos a gritos, les dijo que ése que tenían contra la pared era el alcalde de Mazatlán. Aún así el gatillero no hizo caso y se disponía a disparar, pero para entonces ya eran muchos los curiosos que se habían arremolinado y eso le salvó la vida al funcionario.

"Poco después se supo: adentro de la Frankie Oh estaban 'cerrando operación' su dueño y el jefe de la Policía Judicial del Estado. Todo resguardado por 'El Indio' y su pandilla", escribió Blancornelas, considerado por muchos acérrimo enemigo de los del Cártel de Tijuana.

A los pocos días, el general Roberto Badillo Martínez, entonces comandante de la Zona Militar local, ordenó que le pusieran enfrente y en el cuartel a Francisco Arellano Félix. Lo regañó por andar amenazando al presidente municipal. Con la promesa de que "ya no vuelve a suceder, señor", el hermano de los afamados capos regresó a su discoteca.

Los hermanos, luego de esa encerrona, acordaron desaparecer a las jóvenes, porque además así lo había ordenado Francisco. A como diera lugar. Sin platicar con ellas. Sin explicaciones, ni interrogatorios ni torturas. Nada de nada.

Se movilizaron con rapidez. Hicieron lo que tenían que hacer y ya nada se supo de aquellas simpáticas tijuanenses o tapatías. Como fuera, tampoco se volvió a hablar de ellas frente a los hermanos.

Lo único que se supo era que las armas usadas en aquel evento habían permanecido escondidas en el jardín, cerca de la alberca. Donde nadie las vio ni las quiso ver.

Después de esto continuaron las fiestas. Los recorridos por los antros no se alteraron en lo más mínimo. Tampoco las bebidas ni las compañías de otros y otras de Guadalajara o cualquier otra ciudad.

En el Frankie Oh siguieron las tardeadas dominicales. Y también los refrescos y las palomitas de maíz. Los hermanos emigraron a Tijuana, pero quedaron sus amigas de siempre y las de turno. Todo igual. Que siga la fiesta.

Sobreviviente

Alma Trinidad miraba la vida desde el confort de su oficina. Tenía una vida apacible y predecible. Es madre soltera con tres hijos, dos jóvenes y una mujer. Contadora, está al frente de un despacho que le da para comer, gastar en sus lujos y mantener su casa y su familia.

Joven, de baja estatura, detrás de esos lentes oscuros que le comen media cara y ocultan su belleza, pensaba que en las calles de la ciudad caían muertos los narcos, los matones, los puchadores que no pagaban, los operadores que traicionaban. "Si lo mataron", decía, "no fue por nada". Para ella los muertos nunca eran inocentes: "Eso ocurre por andar en esos pasos, malos pasos."

Hasta que le llegó.

No creía en manifestaciones ciudadanas contra la violencia. Tampoco en plantones ni mantas ni pancartas ni gritos de justicia, exigencias al gobierno, reclamos por promesas incumplidas. Tiempo perdido, ocioso. Bola de argüenderos y rijosos. "No tienen nada qué hacer", repetía y renegaba. "Pónganse a trabajar."

Esa vida en la calle, de marchar, protestar, gritarle al gobierno, le resultaba ajena.

Hasta que le llegó.

No a los pies ni a los aparejos. El fuego le llegó hasta dentro, partió su alma y le marcó surcos dolorosos en el entrecejo. La carcomió. Le devoró la vida, el futuro, la existencia. Y un lote baldío se instaló en su otrora cotidiana y predecible rutina.

Eso le pasó cuando le mataron a su hijo, al más pequeño.

Cristóbal era Cristóbal. Tontóbal, para sus cuates, los del barrio, su banda, la pandilla, con los que se llevaba, los de la cuadra. Tontóbal no era una apodo despectivo ni de burla. Ni había carrilla en llamarle así. No en los suyos, que siempre lo rodeaban cuando de cotorrear se trataba: era la expresión de nobleza, de humanidad, contenida en ese joven bachiller de 16 años, tan inocente como desprendido, tan transparente como divertido, generoso y tierno.

No tenía novia. Amigas, muchas. Amigos, todos. Era seguido y perseguido. Buscado, acosado, para ir a la fiesta, el baile, el centro comercial. Para hacer la tarea, oír música, ganar la calle, la cancha, el barrio. Todos, sentados, en fila, en bola, en las banquetas, iluminando los umbrales, aceras y jardines de la cuadra.

Y siempre pegado a César, su hermano. César le decía "vamos a tal lugar", y Cristóbal lo acompañaba. En el camino le preguntaba cómo funciona la vida, cómo se hace para tener novia, cómo es que tienes trabajo. Pero era información que él no necesitaba. Era tan fácil para él vivir y disfrutarlo, sólo que no se daba cuenta. Su sentido común llegaba lejos, como su generosidad: a botepronto, natural y sin pretensiones.

Ese jueves decidió acompañar de nuevo a su hermano. Un día antes, en una calle empinada del fraccionamiento Infonavit Cañadas, la madre de ambos no pudo detener la camioneta porque se había averiado el freno de mano. Ahí la dejó, en ese sector, para que al otro día fueran por ella y la llevaran al taller. No al taller mecánico, no hacía falta, sino al taller de carrocería que ellos conocían, donde trabajaba un amigo quien, además de ser bueno con eso de los motores de los carros, es buena onda y de todas las confianzas. Decidieron acudir a él para que lo reparara.

El jueves 10 de julio de 2008, Cristóbal y su hermano decidieron llevar la camioneta de su madre al taller. Habían levantado la camioneta con un gato hidráulico cuando César le dijo a Jesús López Félix, el joven mecánico, que atrancara las llantas para que la unidad no se moviera ni le cayera encima.

Bajo la unidad, una Eco Sport, el joven le contestó que no era necesario, que ya había estado en muchas de esas. Además "yerba mala nunca muere".

Los hermanos Herrera Camacho platicaron con su amigo y también con Jesús Alfonso Ochoa Casillas, catedrático de la Universidad Autónoma de Sinaloa, y su hijo Alfonso, que también habían acudido a recoger un vehículo al taller Mega 2000, ubicado en la colonia Los Pinos, en Culiacán, a unas cinco cuadras de la base de la Policía Ministerial del Estado (PME).

No pasaron ni 10 minutos. Luego el estruendo. Parecía que se había caído algo pesado, que habían tronado un cuete. César volteó a la calle y vio a varios sujetos que disparaban con fusiles de asalto y avanzaban hacia el taller. Le gritó a su hermano que corriera, porque en la calle, justo frente al taller, había empezado una balacera.

Eran alrededor de las 11:15 horas. "Cúbrete, cúbrete", se escucharon gritos, según relatan los vecinos que presenciaron el ataque. El menor corrió para atrás del establecimiento y César brincó sobre una de las camionetas que estaban en el taller y se ubicó, agachado, en la parte trasera de la unidad, a un lado de una de las llantas.

Casualmente, días antes había estado practicando el 'salto del tigre', cuando convivía con sus amigos. En una de esas, por andar de payaso, cayó de espaldas y ya no se quería levantar. Las carcajadas propias y de sus cuates se lo impedían.

Los sicarios, de aspecto joven, llevaban botas militares y sólo uno de ellos calzaba tenis blancos. Traían pecheras y chalecos. Portaban fusiles AK-47, con cargador de disco, y AR-15.

Uno de ellos, al parecer el jefe de la operación, les gritaba "para acá", "para allá…", "a chingar a su madre todos", según contó a la policía el mismo César. Y disparaban hacia todos lados, indiscriminadamente. Los muchachos que trabajaban en el taller corrían, trataban de ocultarse, pero fueron alcanzados por los proyectiles.

En la refriega cayeron Ochoa Casillas y su hijo, y todos los empleados. También el menor Cristóbal, pero su hermano César, que había recibido un impacto de bala en la pierna derecha, no lo sabía. César, que permaneció inmóvil, del otro lado de una de las unidades, vio que a uno de los matones, el que traía tenis blancos, se le terminaron los cartuchos del cargador de disco y se apuró a instalar el otro, de menor tamaño, pero se le cayó. Cuenta César que en ese momento pensó "si se agacha, me va a ver, me va a matar". Pero nada de eso ocurrió.

Entonces otros que ya se salían del taller le hablaron para que se apurara.

Los homicidas salieron del negocio y se subieron en dos automóviles. Se fueron de ahí quemando llanta.

César no se confió. Tardó dos o tres minutos para animarse a salir del establecimiento. Cuando se asomó a la calle, la gente empezaba a salir de sus casas y eso le dio confianza. Vio a su amigo, Jesús López Félix, el mecánico que iba a arreglar la camioneta, todavía con vida. Bajo su cuerpo se expandían varios charcos de sangre. Le preguntaba por su hija y él le contestaba que estaba bien, que él se iba a recuperar, pues pronto llegaría la ambulancia de la Cruz Roja.

Despacio, en medio de resuellos, le insistía, casi a súplicas, que le echara aire. Tenía impactos de bala en tórax y abdomen, y un brazo destrozado.

Pasaron cinco o seis minutos. La ambulancia no llegaba. Y en medio de las preguntas por su hija y las súplicas porque le echaran aire, ahogándose, dejó de respirar.

César se incorporó para buscar a su hermano. Dio con él, del otro lado de un automóvil: tenía los ojos abiertos y no se le veían lesiones. Lo movió y lo cacheteó. "Levántate, levántate." Pero el joven no se movió. Le tomó la cabeza para hacerlo reaccionar y entonces sintió la tibieza de la sangre bajo el cuerpo: varios boquetes en nuca, cabeza y espalda.

Cuando al fin llegaron los paramédicos de la Cruz Roja no querían trasladar a César a un hospital, a pesar de que le sangraba la pierna. Por miedo, confundidos, los paramédicos lo mantuvieron ahí. Era mediodía. Llegaron fotógrafos de periódicos locales y agentes de las diferentes corporaciones. Le tomaban fotos. Él supo de los riesgos: era el único sobreviviente. Se tapó la cara como pudo. Pidió que no lo grabaran.

Al día siguiente su padre, que no vive con ellos, buscó a César. Le llevaba un ramo de flores. Flores para un muerto, porque los diarios lo habían incluido en la lista de personas fallecidas.

Esa jornada violenta incluyó 12 muertos: nueve civiles en el taller y tres agentes ministeriales afuera, todos ellos habían sido aparentemente sorprendidos por sicarios, quienes viajaban al menos en dos unidades de modelo reciente. Los cadáveres quedaron en el taller y afuera, y por el bulevar Emiliano Zapata, frente a la base de la Policía Ministerial.

César rememora, sonriente a medias, con el duelo atisbando en la mirada, que nunca pensó que le daría tanto gusto que lo dieran por muerto. Festejaba porque así se salvaba de posibles represalias de los sicarios. Pero era un festejo muerto, como su hermano.

La Policía Ministerial insistió en afirmar inicialmente que se había tratado de varios ataques simultáneos, programados para infundir desconcierto y evitar la reacción de los agentes. Después se dijo que el segundo ataque, luego del múltiple homicidio en el taller Mega 2000, se había dado durante la persecución. Lo cierto es que en uno de los atentados fueron acribillados, de carro a carro, frente al edificio de la PME, el comandante Heriberto Regalado Barragán, jefe del área de Robo de Vehículos, y el agente Emigdio Rocha Trujillo, cuando circulaban a bordo de una camioneta Ram blanca.

Mientras les disparaban a los policías, atacaban el taller Mega 2000. Luego en la persecución, otros dos elementos, uno de ellos de nombre Eduardo Antonio Rodríguez Murguía, comandante del área de Protección a Víctimas del Delito, y el agente José de Jesús Sarabia Angulo, resultaron heridos; además de recibir disparos, terminaron estrellándose contra un árbol. Minutos después, cuando era atendido en un hospital, murió Rodríguez Murguía.

Las ventas en el comercio organizado de la localidad disminuyeron un 20 por ciento en julio, de acuerdo con cifras proporcionadas por la Cámara Nacional de Comercio (CANACO) en todo el estado. Y los asesinatos a la alza. La guerra entre los cárteles de los hermanos Beltrán Leyva, de un lado, y Joaquín Guzmán Loera, el "Chapo", e Ismael Zambada, el "Mayo", del otro, ha empezado. Inició el 30 de abril. Ese día empezaron los enfrentamientos en las calles, las detenciones, los decomisos. Todo era guerra. Terror y sicosis.

Antes ambos bandos eran socios. Y siguen siendo parientes y compadres. Se conocen los patios traseros del contrario, del enemigo: casas de seguridad, operadores, sicarios, contactos en la policía, jefes al servicio de uno y otro grupo, rutas, camionetas, amantes y puntos flacos.

Y se han dedicado a tumbarse todo. La ciudad es el frente de guerra. Las ciudades del país. En el 2008 —a raíz de la supuesta entrega de Alfredo Beltrán Leyva, el "Mochomo", por parte de Guzmán Loera y Zambada, según señalan versiones de la Procuraduría General de la República y de la Secretaría de la Defensa Nacional, en enero pasado— iniciaron los homicidios. Arreciaron los ajustes.

Beltrán Leyva fue detenido por efectivos de un cuerpo de élite del Ejército Mexicano en la colonia Burócrata, en Culiacán, en la madrugada, un día de enero. Estaba solo, aunque otras versiones señalan que jugaba baraja o dominó con unos amigos. Pero sin su cuerpo de seguridad.

Sinaloa pasó así de dos o tres asesinatos diarios, a balazos, a cuatro y hasta cinco, en promedio. Julio sumó 143 ejecuciones. En algunos meses la cifra llegó a 160. Ese año la entidad sumó alrededor de mil 200 homicidios y cerca de mil 600 Ciudad Juárez, aunque en todo el estado de Chihuahua sumaron cerca de 2 mil 200. En total, en el país, fueron 5 mil 600 ejecuciones relacionadas con el narcotráfico. Es la misma guerra, la de los cárteles. Pero en el camino, a la vera, en las aceras, las fachadas de los negocios y las cabinas de los automóviles han caído también niños, policías, militares, esposas y jóvenes mujeres, más de alguna embarazada.

Los cuerpos caían y caían. Caían casi a sus pies, en la puerta de su oficina. Se los aventaban al paso de su vehículo, en la tienda de la esquina, en los cruceros por los que dibujaba esa rutina. Los cadáveres del narco, los de "por algo será", los lejanos, ajenos, de otros. Y ella como si nada.

Cuando vio la cara de su hijo, en la cama del hospital, en el área de urgencias, lo supo todo. Le había llamado por teléfono para decirle "Mamá, no encuentro a mi hermanito." Pero rápido lo encontró y ya no pudo marcarle de nuevo desde el aparato celular.

Entró casi sin permiso. Una enfermera la interceptó. "Espérese." Esperó un poco y logró por fin acercarse al cuerpo herido de César y esa bala que le había atravesado la pierna. No hicieron falta palabras. Se nublaron los ojos de César, se le sonrojaron las mejillas y hubo lluvia torrencial, con relámpagos y truenos, y bruma, en esa mirada.

Ambos se lamentaban: no habían podido proteger al hermano, al menor, a Tontóbal.

Y soltaron juntos las amarras. Y abrieron las compuertas de las presas de las lágrimas retenidas. Y fue una lluvia conjunta, de mojarse y cobijarse mutuamente. De encontrarse cerquita, unidos, frente a la muerte.

Entonces ella entendió lo de las pancartas, las marchas y plantones. Los gritos contra estos desgraciados. Las manifestaciones de protesta contra el gobierno. "Porque estos cabrones, oiga, estos cabrones, lo saben todo, pero no hacen nada", le dice a los reporteros, durante uno de esos actos de protesta en el que piden fin a la impunidad y castigo a los asesinos, en un evento del entonces gobernador Jesús Aguilar y de Eduardo Medina Mora, titular de la Procuraduría General de la República. Ambos iban a hablar de los logros de los operativos conjuntos emprendidos contra el narcotráfico. Ambos y todo el séquito de funcionarios, políticos y dirigentes, ahí, resguardados por efectivos del Ejército Mexicano. Y también ellos, del otro lado, impedido el paso, Alma Trinidad y otras madres y hermanos y activistas de derechos humanos, acordonados, atrapados, en su manifestación, por los soldados.

Y Alma Trinidad trae los ojos hinchados. Llora y llora desde entonces, sigue llorando, y protesta. En otra manifestación les dice a los reporteros, gritando, "¿Por qué la policía no ha dado con el dueño del local?, el verdadero dueño", y lo menciona. Lo dice en voz alta. Las grabadoras lo captan y los reporteros se van de ahí, callados, adoloridos y solidarios.

Dice el nombre y agrega que es él quien controla tal sector de la ciudad. Compra policías. Mueve mercancía para allá y para acá. Mata y manda matar. Y de nuevo el nombre.

Un reportero se acerca. Espera a que todos se vayan. Se identifica en voz baja. Y le advierte que no diga el nombre del capo ese, que es una persona peligrosa y protegida por la policía, que se pasea por la ciudad con muchos hombres armados, incluso con bazucas y lanzagranadas. Que no lo diga, porque luego él se va a enterar, no faltará quién le vaya con el mitote, y vendrán por usted, por todos.

El nombrado innombrable es el mismo que en el 2006 "visitó" las instalaciones de la Policía Estatal Preventiva, en la colonia El nuevo Culiacán, y mostrándoles la bazuca, presuntuoso y burlón, les dijo "nosotros mandamos en la ciudad y mejor ni se metan porque con *eso* les iba a contestar". Y asía con fuerza el artefacto.

Ningún policía lo encaró. Nadie le hizo frente ni lo persiguió.

Alma Trinidad tocó puertas. Buscó a activistas y organizaciones de defensa de los derechos humanos. Unos le dijeron que sí, que estaban con ella. Otros, la mayoría, ni la puerta le abrieron. Acudió a la casa de la familia Ochoa Casillas, que habían perdido a dos de sus miembros —padre e hijo— en el ataque al taller Mega 2000 y le contestaron que no, que así la dejaban. Tenían miedo: "No queremos problemas."

Informó que personal de la Procuraduría General de Justicia del Estado la atendió y le ofrecieron darle a conocer los avances cuando los tuvieran. Pero de los avances no hay nada. Nadie investiga. No pasa nada.

·Cuando ella y su hijo acudieron a comparecer ante la agencia segunda del Ministerio Público, el fiscal que los atendió, a quien identificaron como Soto Lazcano, los trató como matones, en forma prepotente. Duraron más encerrados, atendiendo los cuestionamientos, que el supuesto propietario del establecimiento, de nombre Jorge Ávalos Meza —un prestanombres—, a quien "casi le ponen una alfombra", señaló Trinidad.

"Esa vez hasta llevaron a un médico para que confirmara que la herida en la pierna de mi hijo era de bala", contó la señora, quien agregó que el personal del Ministerio Público sacó antecedentes penales de todos los muertos, pero nada de los sicarios.

"Son unos ignorantes, unos ineptos, prepotentes… lo que queremos es justicia, que se esclarezca y haya castigos, pero no vemos nada, la verdad no hay avances", sostuvo.

Y ahí anda, de marcha en marcha, protestando, dejando sus pasos en el chapopote. Sudando, levantando pancartas y gritando. Y grita. Y grita, pero ya no el nombre de ese capo que asola la ciudad, azota y ejecuta. Aunque lo traiga en el gaznate.

Historia de una foto

De joven, cuando tenía 18 años, Alma trabajó en la cadena de hoteles Marriot, en El Paso, Texas, y luego en una agencia de automóviles, en el área administrativa, en Nuevo México. Ya estaba estudiando para ser abogada, en Ciudad Juárez, la ciudad que la vio nacer.

Ahora es parte de la Policía Ministerial del Estado de Chihuahua y tiene que realizar indagaciones. Inició en el área de homicidios, pero al poco, muy poco tiempo, la pasaron al departamento de investigaciones sobre violencia sexual e intrafamiliar. Ingresó a la corporación en noviembre de 2008 y fue asignada inmediatamente al área de homicidios dolosos. Estuvo apenas un par de días y le llegó la nueva orden: la transferencia a delitos sexuales.

Alma tiene el cabello negro y lacio, y cuerpo de heroína de serie televisiva, llamativa y voluptuosa. Trae cruzado un fusil AR-15, una pistola nueve milímetros fajada, radio y teléfono celular. Trabaja de policía en la que muchos consideran la ciudad más violenta de México.

Nadie diría que es coqueta ni que tiene 26 años y un hijo, que es viuda porque a su esposo lo mataron a balazos, y que le encantan las pulseras, anillos y aretes.

Alma Chávez, agente ministerial: lentes Chanel, reloj en la muñeca derecha, arracadas plateadas, pelo suelto. Una blusa negra, manga larga, y otra más, del mismo color, entallada. Se le frunce en los linderos de sus piernas ese pantalón gris que no se puso, sino se untó. Así pasa por las calles de Ciudad Juárez y sus más de mil 650 homicidios de 2008, sus aceras sitiadas por más de 8 mil efectivos del Ejército Mexicano y unos 2 mil agentes de la Policía Federal, a los que se agregan los uniformados de las corporaciones municipales y estatales.

Su placa dorada, con el logotipo de la ministerial y de la Procuraduría General de Justicia del Estado, cuelga del lado izquierdo y frontal de su pantalón, tapando la bolsa delantera de la prenda, llamando la atención. Encandila ella, ese andar de pasarela, esa coquetería macabra.

Su aparición es una escena dantesca. Dentro del Centro de Readaptación Social (CERESO) de la ciudad hubo un juicio sumario que muchos funcionarios públicos vistieron de motín, bronca y pleito. Grupos rivales se midieron, el saldo fue 20 decapitados y estrangulados. Todos ellos del Cártel de Juárez, de una organización filial a la que llaman "La Línea". Los triunfantes, los leales al Cártel de Sinaloa, quienes se autodenominan "Los Aztecas", se alzaron, impusieron su ley, condenaron y ejecutaron.

Alma fue enviada para controlar el penal, someter a los rijosos homicidas y recuperar el control. Iban cientos de policías, todos corriendo, en fila. Hombres que nunca sudaban iban hablando por teléfono celular. Los rotores de helicópteros descomponían el ambiente, corrompiéndolo, apagando el sonido.

Juárez es el paraíso de las maquiladoras. El paraíso también de la guadaña y las ametralladoras. El paraíso infernal.

La guerra entre los cárteles del narcotráfico ha hecho de las calles un gran cementerio, un tiradero de cadáveres perforados. La narcoviolencia provocada por las organizaciones en pugna, el Cártel de Juárez, comandado por Vicente Carrillo, el "Viceroy", hermano del extinto capo Amado, el "Señor de los Cielos", y el Cártel de Sinaloa, cuyo jefe en esta y otras plazas es Joaquín Guzmán Loera, el "Chapo", es aderezada por inconfesables niveles de pobreza, impunidad y marginación.

Juárez es la frontera norte: patio trasero para la prostitución que se queda, la que pasa y la que se va. Muchas de sus protagonistas, jóvenes de todos los lugares del país y del extranjero están envueltas en dramáticos niveles de pobreza, terminan inertes, abandonadas a la suerte de las aves de rapiña, en el desierto.

Aquí también la droga llega, pasa y se va, pero igual se queda. Y ni los ocho mil soldados ni la fuerza desplegada por los agentes de la Policía Federal, mucho menos las corporaciones locales, han podido con este monstruo que no deja de crecer, levantarse, expandirse y multiplicarse.

Ciudad Juárez no es la capital del estado, pero sí la capital de los males: los más ruines y atroces.

De acuerdo con el informe *La infancia cuenta en México*, del año 2008, el estado de Chihuahua concentra para los niños los peores niveles de vida. El estudio califica a los estados del país en función de 12 indicadores: pobreza, salud, educación, factores de riesgo y oportunidad, violencia, embarazo precoz, proporción de adolescentes que no estudian, y otros.

Esta entidad ocupa el lugar 31, de 32 estados: sólo encima de Guerrero, que también tiene niveles alarmantes de pobreza y marginación.

Datos del gobierno indican que Chihuahua tiene el lugar 29 en vacunación y el 23 en mortalidad por causa externa, además cuenta con la menor cobertura escolar y la mayor deserción en planteles de educación primaria de toda la franja fronteriza del norte del país.

En los años recientes Chihuahua ha estado en los primeros lugares en suicidios de adolescentes. Y tiene, también, una tasa de 15.6 jóvenes asesinados por cada 100 mil, muy por arriba de la media nacional, que es de 5.7.

A principios de 2008, sumaban sólo en Ciudad Juárez 3 mil efectivos del Ejército Mexicano, cuya tarea era combatir el crimen organizado. Luego de cumplirse un año de alta incidencia delictiva, traducida en homicidios y tráfico de enervantes, el gobierno federal anunció la llegada de otros 5 mil, nada ha servido. Más bien han servido para la carne y el cañón.

En esta ciudad, el "Chapo" y el "Viceroy" cerraron las cuentas del año 2008 con mil 600 homicidios, cifra superior a los alcanzados en todo Sinaloa en ese periodo, que fue de mil 200 ejecuciones. En el país fueron alrededor de 5 mil.

Pero en el 2007, antes de la parafernalia de la llegada del ejército y las fuerzas federales, de operativos especiales y conjuntos, de las famosas batidas y estrategias contra el narco, los homicidios apenas llegaron a sumar 318.

Y la danza macabra sigue, porque sigue la calaca con la guadaña en alto: en febrero de 2009 fueron ultimados violentamente, en muertes relacionadas con el narco, 234 personas, y al día, en promedio, son abatidos en condiciones similares seis individuos.

En las cárceles estatales acaba de celebrarse una carnicería de presos. Fue en marzo de 2009. El festín fue orquestado por "Los Aztecas", una especie de organización de bandas delictivas al servicio del Cártel de Sinaloa. De ellos hay alrededor de 2 mil, muchos de los cuales fueron ejecutores necrófilos, en las cárceles locales.

Fueron los mismos que ultimaron a 20 reos. Ellos sumaban cerca de 150, quienes tuvieron paso libre por pasillos y áreas del penal de Ciudad Juárez. Llegaron tranquilos y poderosos a las celdas consideradas de alta seguridad. Las abrieron y con una relación de los internos que estaban en la lista negra, los fueron sacando y ultimando.

Uno fue decapitado, otros murieron apuñalados y algunos más fueron aventados desde el tercer piso. Terminaron su trabajo y regresaron a sus celdas. Todo sin ser molestados.

Las balas también fueron dirigidas a los uniformados. La fuerza policial en esta plaza disminuyó considerablemente. Hubo en sus filas una suerte de depuración, limpieza étnica y bajas "sensibles": en un año los agentes de la Policía Municipal pasaron de mil 600 a mil 200. Y eso que son de los policías mejor pagados en el país, con un sueldo mensual cerca de los 10 mil pesos.

En febrero de 2009 fueron asesinados Sacramento Pérez, director de la policía, y dos de sus escoltas. En este lapso aparecieron en diferentes puntos de la ciudad mantas con mensajes amenazantes. El secretario de Seguridad Pública, Roberto Orduña, debía renunciar o un agente de la policía iba a ser asesinado cada 48 horas.

Dos uniformados, un agente y un celador del penal, fueron ultimados. Entonces Orduño no se presentó más a trabajar.

La Comisión Estatal de los Derechos Humanos (CEDH) advierte que no sólo se han multiplicado la presencia del ejército y los homicidios en la región. También las denuncias por malos tratos, violaciones a las garantías ciudadanas y detenciones arbitrarias. Y aquí hay una larga lista. Tan larga que es difícil de cuantificar. Sobre todo si se considera que son muchas las denuncias y más las vejaciones que por temor o amenazas no salen a la luz.

Una cifra preliminar habla de alrededor de 3 mil detenciones anticonstitucionales realizadas por militares desde la llegada de sus refuerzos, además de cerca de 4 mil allanamientos ilegales. Pero en esta ciudad, el total de viviendas llega a unas 200 mil.

La CEDH estima también que el Ejército Mexicano "ha torturado a más de mil personas". Pero sólo tienen documentados 140, que son los que se han atrevido a denunciar.

La mayor parte de los detenidos, asegura uno de los funcionarios de este organismo, son torturados en instalaciones militares, con métodos que van desde el encierro en frigoríficos hasta toques eléctricos, también llamados "picanas". Muy pocos de ellos son enviados a prisión. Es más, los remitidos no pasan de 200.

En la zona urbana la convivencia es inexistente, fantasmal. La hecatombe se respira en las calles, dentro de los hogares, en las plazuelas y escuelas. Uno de estos planteles, uno tan solo, tiene una suma de 10 padres de familia asesinados violentamente durante el 2008. Además, varios familiares de alumnos de esta escuela han caído abatidos por las balas, y apenas tiene 600 estudiantes en dos turnos. Cerca, muy cerca, un plantel de secundaria tiene también sus números de panteón: una alumna secuestrada y dos más que ya aparecieron... muertas.

Datos de organizaciones ciudadanas indican que Chihuahua ocupa el lugar 31 en menores que tienen entre 12 y 17 años que no trabajan ni estudian. Además, tiene el segundo lugar nacional, superado apenas por Guerrero, en homicidios de adolescentes de entre 15 y 17 años.

Hasta hace tres años, de acuerdo con datos de estos organismos —citados por el reportero Arturo Cano, del diario *La Jornada*—, Chihuahua era la tercera entidad peor clasificada en la tasa de mortalidad por homicidio de la población de cero a cuatro años, al alcanzar un promedio de 3.4 asesinados por cada 100 mil.

En los terrenos económico y social, Ciudad Juárez tampoco las ve buenas. Un estudio de la organización Iniciativa Ciudadana y Desarrollo Social establece que la mayoría de las mujeres trabajadoras apenas duerme entre cuatro y cuatro horas y media, y un 40 por ciento se ve en la necesidad de dejar solos a sus hijos para ir a trabajar.

El mismo estudio indica que el estado de Chihuahua tiene la más baja cobertura preescolar, y a pesar de que hay más de 150 mil niños de entre cero y cuatro años, las casas de cuidado y guarderías de carácter público atienden apenas el 32 por ciento de la demanda.

A esto se agrega la inequitativa distribución de los recursos. Juárez, por ejemplo, genera cerca del 60 por ciento del Producto Interno Bruto estatal, pero sólo se le regresa el 16 por ciento de este recurso por parte del estado. Y para la galería del terror, como si no tuvieran suficiente con las arbitrariedades de la policía y el ejército, los homicidios y ajustes de cuentas, las cuotas que cobran el narco y sus pandillas al comercio, las frases de quien fuera el comandante de la zona militar local, general Jorge Juárez Loera, al referirse a los métodos para combatir la violencia: "Mi orden de cateo es el marro." Y ante el reclamo de los organismos defensores de los derechos humanos, el jefe militar respondió: "Que les manden sus recomendaciones a los narcos."

El general también dio línea a los periódicos locales. En sus encabezados, recomendó, casi como si fuera una orden, que al referirse a los ejecutados en lugar de poner uno más, debían escribir uno menos.

Alma se mueve en las aceras de Juárez y levanta movimientos ondulantes con ese andar en el que sus pies y piernas parecen competir por el mejor paso, el movimiento perfecto, y las miradas parecen concentrarse en esos andares y los corazones masculinos son cráteres activos, cerca, muy cerca, de la erupción.

Ella es católica. No grita ni usa malas palabras, dice que no las necesita. Tampoco es "llevada" con sus compañeros de trabajo ni con sus conocidos. Es algo así como una mujer joven bien portada. Pero eso no le quita la coquetería. La cámara de un noticiero que tiene página de Internet y una sección de videoreportajes la está grabando. Hace recorridos con ella, la entrevista el reportero Diego Enrique Osorno, del diario *Milenio*, y la cámara la sigue de cerca, se le pega a esa silueta, como una lapa, y la graba desde el asiento trasero, para captarla mejor, a través del espejo retrovisor.

El reportero logra una toma interesante. Ella sigue detrás de esos lentes Chanel grandes, que le cubren media cara, que la siembran y acrecientan la magia y el enigma de esa mirada escondida.

Tuvo esposo. Se casaron después de haber andado de novios, enamoradísimos. Al poco tiempo ella se embarazó y tuvieron un niño que ahora suma los nueve años, él, su esposo, murió: era abogado y en el 2006 fue sorprendido por sicarios y luego apareció sin vida. Alma no quiere hablar de ello, trastabilla cuando se le pregunta. Voltea para todos lados. Se inquieta. Es evidente que no quiere abrir la caja de esa terca memoria. Ahí hay tristeza y duelo. Se asoman apenas unas lágrimas. Y luego, rápidamente, cuando ella se da cuenta, se esconde de nuevo en los intersticios de esos fanales castaños. Las lágrimas están vetadas. Vuelta a la hoja. Acomoda su escuadra en la cintura. Hay que luchar.

Alma va cantando. Voltea a la lente de la cámara a través del retrovisor. Se siente esa mirada. Tiene peso y presencia. Se siente la estrella y le gusta. Su forma de cruzar las llamas, de torear los proyectiles, decapitados, narcomensajes y cruentos enfrentamientos en calles y cárceles, la convierten en heroína de esta ciudad mortal.

Va cantando una del grupo Conjunto Primavera. "Esa me gusta", dice para sí. Se acomoda el pelo. Espejea de nuevo. Al otro lado va un convoy de militares. "Allá van los soldados", afirma y apunta con la cabeza, mientras en el otro carril, en sentido contrario, pasa otro convoy del ejército. Alma sigue cantando en voz baja. "Esa rola me gusta."

Su padre le dijo que era coqueta. "Vas a ser actriz", le anunció. Así lo cuenta ella. Y le contesta que no. Pero le halagan sus comentarios.

El reportero le pregunta si vio la película *Traspatio*, que se refiere a las muertas de Ciudad Juárez. Le comenta que ella se parece a Ana de la Reguera. "No, no sé, no la he visto."

A la pregunta de cómo es que decidió ser policía y entrar a la corporación, en una ciudad violenta, que se desangra con su promedio de seis, siete muertos diarios, responde:

"Me llamó la atención cuando empecé a ver la situación en Juárez, que tenía que hacerse un cambio, agruparnos para entrar a las corporaciones gente con deseos de trabajar. De que siga creciendo nuestra frontera aquí en Ciudad Juárez."

Alma habla como si se refiriera a otra ciudad, como si hubiera esperanzas. Y es que las tiene. Sostiene su vida y la de su hijo pensando en que todo va a cambiar, que esto puede mejorar. Parece olvidar las cabezas de puercos dejadas sobre los cadáveres de los asesinados, las mantas con mensajes amenazantes, los negocios que funcionan furtivamente, a la sorda, o que han cerrado o emigrado, porque los narcos los traen fritos con las cuotas a cambio de "ofrecerles" seguridad. Ella así lo quiere. Lucha desde sus pantalones entallados, su fusil AR-15 y esa escuadra fajada, que no deja de acomodarse.

Ahora es parte de la policía y ama su trabajo. Hay que levantarse a las cinco para bañarse. Luego sale del baño y entra el menor. En los pasos del ritual matutino está desayunar juntos y luego la escuela y el trabajo.

Disfruta sus días, su función como agente. Le apasiona, le fascina, la siente recorrer sus venas y exprimir su músculo pectoral. Llega a su oficina y se enfrenta a ese escritorio, los estantes y cajones de archiveros copados de expedientes, de pruebas periciales, investigaciones inconclusas. Hay telarañas y polvo. Alimento para la impunidad. Oxígeno para el olvido. Pero ella cree que puede resolverlo todo. Está segura de ello. Y si no, ahí está ese caso del violador recientemente detenido por Alma y ese grupo especial del que forma parte, en el combate a delitos sexuales y violencia intrafamiliar. El detenido vivía en El Paso, Texas, y pasaba la frontera hacia Ciudad Juárez para violar a jóvenes mexicanas. En su lista, de acuerdo con el expediente armado con indagatorias en serio, hay 19 mujeres que han sido sus víctimas. Luego de cometer sus crímenes, regresaba campante a su ciudad, del lado estadounidense. Impune y seguro. Ahora está detenido.

En uno de sus primeros operativos fuertes se le vio partiendo plaza en las áreas de acceso al penal de Juárez. Adentro olía a carne seca, sangre empantanada y muerte: 21 reos fueron ultimados con armas punzocortantes por las pugnas entre los cárteles del "Chapo" Guzmán y el "Viceroy". Esta vez, los muertos los pondría Vicente Carrillo y el Cártel de Juárez.

Alma caminaba envuelta en una estela de ángel exterminador, imponente y alada. Los policías le abrieron paso. Periodistas y mirones admiraron su andar y ese brincoteo espectacular de sus pechos, envueltos en esa blusa negra entallada. Un fotógrafo de la agencia AP la captó. Surgió una imagen bella y violenta, sin cadáveres perforados ni balas ni amenazas.

A los pocos días Alma recibe un arreglo floral. Le decían guapa, bella, hermosa. La colmaban de piropos. El regalo es atribuido a un narco. "Es una amenaza macabra", especulan. Otros dicen que es un cumplido, un halago, un simple regalo.

Después le llegaron varios agentes de la Policía Federal Preventiva. Espantada, sorprendida, preguntó de qué se trataba. "Viene el jefe", le dijeron, un alto mando de las fuerzas de la PFP en esa plaza. Quería fotografiarse con ella, que le firmara la portada de la revista *Proceso*, en la que aparece como un ente sublime, una deidad. Ella accede feliz. Se siente famosa.

No quiere ser artista, aunque se lo diga su papá. Pero es como si lo fuera. Ya es una heroína. Su cuerpo, su imagen y fama, flotan en la ciudad. Tiene admiradores. Va por las calles y hablan de ella. La señalan. Se le abren los caminos. Se le despejan las aceras. Su andar provoca estallidos, aplausos, alabanzas. Alma quiere ser alcaldesa, diputada y hasta presidenta de la República. No tiene novio, no quiere. Pero sí admiradores. Y son muchos.

"¿Pero son narcos?", se le pregunta. "Ahí sí que yo sepa no, realmente no."

Pero más bien no lo sabe. No quiere saber.

LAS REINAS

Anahí Beltrán Cabrera, quien fue detenida en posesión de un arsenal que incluía armamento de alto poder, al ser presentada a los medios de comunicación en la Ciudad de México, el 14 de abril de 2009.
El coordinador de las Fuerzas Federales de Apoyo, Rodolfo Cruz López, informó en conferencia de prensa que el tipo de arma encontrado tiene capacidad de disparar 800 cartuchos por minuto, un alcance de mil 500 metros y sólo es usado por ejércitos. El general indicó que, de acuerdo con las investigaciones, ese armamento podría pertenecer al cártel de los Beltrán Leyva. (AP Photo/Eduardo Verdugo)

La "Güera"

Le dicen la "Güera" pero se llama Cristal[*]. A sus 15 la vida la arrastró. Le dio lo que quiso y hasta lo que no: sus infiernos y oasis. Empezaban los noventa y aquel tipo, llamado Arturo, la cortejaba a distancia. La esperaba cuando entraba al trabajo, a las cinco y media de la mañana, y cuando salía, en ocasiones, a las cinco de la tarde. Ella era cajera de una tienda de autoservicios ubicada en el centro de Culiacán. Él estaba ahí, junto a la camioneta que le habían dado en el trabajo. Pasaba por su casa, en una marginada colonia, aventando piedras expulsadas por la fricción de las llantas con el terregal, levantando polvo para llamar la atención.

Él decía que trabajaba en una tortillería. Su patrón, de nombre Roberto, tenía ese y otros negocios y acostumbraba a sacar de sus bolsillos, no de su billetera, fajos y fajos de billetes.

Arturo la esperaba a la salida y la encontraba cuando llegaba al supermercado, en el centro de la ciudad. Arriba de la camioneta, a un lado, con la puerta del conductor abierta y la música de banda en las bocinas, esparciendo sonidos. Nunca le habló. La miraba y la miraba. Obseso y con esa media sonrisa. Lascivo hasta en las muecas.

---

[*] Nombre ficticio para proteger la identidad del personaje.

Un día la subió a la fuerza. Entre juego y juego, la acomodó en el asiento y la llevó a su casa. Ella bajó, temerosa, sin decir una palabra. La siguiente fue la vencida: con la ayuda de su patrón la subió de nuevo a la camioneta, con engaños, violentamente. La "Güera" terminó en uno de los ocho cuartos de un rancho ganadero, a media hora de la ciudad, en las cercanías de la comunidad conocida como La laguna colorada, en la capital sinaloense. Era una casa grande. El cuarto en el que estaba ella encerrada tenía una pequeña ventanilla por donde le pasaban agua y comida.

Llorando, suplicó que la dejaran ir. El personal que la custodiaba, según recuerda ella, le contestó que no, que ya le había avisado a su mamá que estaba con Arturo por propia su voluntad. Al cuarto día la sacaron para llevarla a una pequeña ciudad, a hora y media de donde estaban.

En el camino pararon. Arturo y ella entraron a un motel. Ahí él la violó. Y empezaron en ese rincón de cuatro por cuatro, entre películas pornográficas y baños que olían a mugre acumulada, los abusos y golpes.

Luego se trasladaron a la casa de los padres de él. Era una familia conflictiva. En medio de las borracheras, que eran habituales, el papá matón acusaba a la esposa de acostarse con medio mundo, pero especialmente con uno de sus hijos. A la hora de dormir padres e hijos querían tener un cuchillo, armas de fuego a la mano. Uno de los hijos menores, se esmeraba en esconder todo objeto punzo cortante y pistolas, que en la casa abundaban, para evitar desgracias.

Ahí permaneció ella varios meses. Arturo la golpeaba y su madre, que era brava cuando se trataba de enfrentarse con cualquier otra persona que no fuera su esposo, la agredía también.

"Ella me decía que si Arturo me pegaba ella también lo iba a hacer... y me soltaba cachetadas, cintarazos, y me aventaba cucharas, sartenes y tenedores, para golpearme", contó la "Güera".

Pasaron tres meses. Y hasta ahí llegaba Roberto, el tortillero, con los fajos de billetes. Arturo no trabajaba, pero habían convenido con su jefe en que éste lo sostendría hasta que domara a la mujer y pudiera llevarla de nuevo a la ciudad donde antes vivían.

El tortillero presumía de ser narco: traía unas camionetas Ford del año, alhajas que le colgaban del cuello y de la muñeca derecha, oro que repartía brillos y sonidos mientras caminaba, cinto piteado, pantalones de mezclilla y botas de piel de anguila.

Arturo, con su pistola fajada, se perdió alrededor de tres meses, en la sierra. Allá sembró mariguana, que luego bajó a la ciudad para su venta. Al volver, llevó a la "Güera" de regreso a la ciudad donde la había conocido. Estaban cerca de la casa de los padres de la "Güera", pero ellos, que tenían la versión de que ella se había ido por su voluntad con el tipo ese, no le hablaban. Ni la madre, con quien la "Güera" tenía cierta cercanía, ni los hermanos, con quienes se había llevado tan bien.

Ahí la escondió Arturo, como su juguete, como el objeto que le pertenecía, su mueble, su camioneta, una factura: en un cuarto, casi atada, detrás de la puerta que no cruzaba a menos que fuera con su autorización y estando él en la casa, y sólo entonces podía bañarse, pero acompañada por él, y salir a lavar, pero en su presencia.

Porque no quería que nadie la viera, ni que saliera al patio, ni que se asomara por las ventanas y puerta.

El pasado de abusos de los tíos tenía aterrorizada a la "Güera". Los tíos le mostraban el pene, queriendo abusar de ella y de sus hermanos. En ese lapso, entre los ocho y los 12 años, sus parientes fueron tercos en tocarla a solas, a oscuras, y ella en acusarlos con sus padres. Pero no le hicieron caso. Igual que ahora.

La "Güera" estaba sola ahí, a expensas de ese sujeto que decía que la quería, pero que no dejaba de burlarse cuando le servía la comida, igual que su madre. Ambos le aventaban los platos, le tiraban la comida, a carcajadas, entre festejos crueles. Él lograba dormirse en cuanto acomodaba la cabeza en la almohada, pero bajo ésta mantenía una escuadra nueve milímetros.

"Recuerdo que su madre le decía 'un día, sin que te des cuenta, esta mujer va a agarrar la pistola y entonces te va a matar... no te confíes', pero yo no me animaba, no podía, me daba miedo de que se despertara porque a cada ruidito, al menor sonido o movimiento, él abría los ojos", dijo la "Güera".

Arturo le lloraba después de golpearla, le decía que la quería y luego se perdía por meses, en la siembra del enervante, en la sierra del municipio de Badiraguato. Ella lo llegó a extrañar tanto como le temía. Arturo llegó varias veces con otras mujeres, pintarrajeado y con huellas de bilé en cuello y camisa, cínico y drogado.

La "Güera" tuvo un niño. En un ataque de ira e histeria se peleó con la mamá de él y logró huir. El niño, de apenas unos meses, le había sido arrebatado. Ella fue a la casa de una amiga, quien avisó a los hermanos y a la madre de la "Güera", quienes fueron a reclamar que les entregaran el niño, a lo que finalmente accedieron los familiares de Arturo.

En la colonia mataron a uno que formaba parte de la banda de Arturo. Él y sus secuaces, que trabajaban para Alfredo Beltrán, el "Mochomo", entonces operador de Joaquín Guzmán Loera, el "Chapo", vengaron esa muerte y huyeron a la sierra. Meses después, Arturo se escondió en la casa de unos parientes. Ella aprovechó para quedarse en su casa, donde estaba sola, ya que su madre se había ido a una ciudad del estado de Sonora a atender un asunto familiar. Cuando Arturo volvió a la ciudad fue por ella, ingresó a la vivienda después de tumbar la puerta, y de nuevo la violó.

Un par de meses después la muerte de varias personas que eran sus cómplices en la sierra lo sacó de nuevo de la ciudad. Ella quiso darse una segunda oportunidad: se regresó a casa de sus padres y acordó con sus hermanos esconderse varios días, no asomarse ni salir a la calle. Ellos la negarían si alguien preguntaba por ella.

De noche, en el sigilo de las sombras, la sacaron acostada en el asiento trasero de un carro viejo. La llevaron a Sonora, donde permaneció varias semanas. "Un hermano mío, a quien yo le digo 'Carnal' me dijo 'yo te doy dinero, pero vete a Los Ángeles, y allá te puedes quedar a vivir, porque si te quedas aquí te van a matar junto a él y también van a matar al niño, esa no es vida, no es vida para ti ni para tu hijo, pélate'."

La "Güera" llevaba dos meses de embarazo cuando huyó. En Los Ángeles, tiempo después, la alcanzó su hijo, que ya tenía cerca de un año. No sabía de Arturo desde que había salido de Culiacán y le llegó la noticia de que lo habían matado. "Lo mataron ellos mismos, su gente, para que no hablara, así me llegó el mitote", contó. Pero ella desconfió. No era la primera vez que le llegaban esas noticias. Temía igual que no fuera cierto, que de nuevo apareciera. Y siguió de frente.

En Los Angeles, el "Carnal" tenía carros, armas, droga y placas falsas de automóviles y documentos personales apócrifos. La agencia norteamericana antidrogas DEA supo de sus movimientos y transas. Lo videofilmaron a él y a su amigo y compañero Luis. Les decomisaron droga, cinco armas de fuego y cuatro carros robados. Los llevaron a la corte y ni ellos ni sus familiares pudieron negar los cargos, pues estaban ahí, con las manos en la masa.

La corte fue benevolente. Dos meses de cárcel y libertad condicional. Durante cuatro semanas debían, además, lavar las patrullas de la policía del condado de Rosemead. Era el año de 1995. El "Carnal" andaba en esa jugada desde los 15 y ahora tenía 22. "El fiscal y la policía le dijeron, en la sentencia, que ellos eran primerizos, que no les interesaban porque querían detener al grande, al jefe, al patrón de la banda", señaló la "Güera". Pero el "Carnal" no aguantó la libertad condicional y huyó a Culiacán.

Como ya no había quién le diera mucho dinero para ella y para sus hijos, la "Güera" consiguió trabajo en un restaurante de músicos.

Otro de sus hermanos, Rafa, le mandaba paquetes. "Ahí te encargo, 'Güera'", me decía mi hermano Rafa, por teléfono, cuando me mandaba los paquetes. En el barrio las casas tenía el mismo número, 2724, pero cada una de ellas se diferenciaba por fracciones: 2724 ¼, 2724 ½, 2724 ¾ y 2724 entero. Y cada vez los paquetes llegaban a una casa diferente, todas ellos ocupadas por familiares y gente de confianza. La dirección y el nombre del remitente siempre eran falsos. Ella ganaba entre 100 y 200 dólares por la mercancía recibida. Otro hermano, Raúl, los recogía después. Y fue Raúl quien abrió frente a ella uno de los paquetes. Eran billetes verdes que sumaban miles de dólares. Ella se espantó. Antes de que preguntara algo, Rafa la aplacó. La "Güera" manifestó que él le pidió que se callara, que le iba a ir bien. "Él me dijo que no dijera nada, y a partir de ese momento subió la paga: primero mil y luego dos mil dólares por cada uno de los paquetes que llegaba."

Luis, quien había sido enjuiciado junto al "Carnal", que ya había cumplido sus meses en la cárcel, donde era visitado por su madre y sus tres novias, empezó a cortejar a la "Güera". Él trabajaba en un taller mecánico que se llamaba Casa Latina, muy cerca del restaurante en el que laboraba ella. Se conocían desde niños, pues habían crecido en el mismo barrio. Cuando Luis supo del embarazo de la "Güera" se alegró. La cuidó durante esos meses, pero no se enteró de los intentos de ella por abortar y esos 2 mil dólares que gastó en estudios, en una clínica privada de aquella ciudad, para cumplir su cometido. Esa tarde, ya en la camilla, con todo preparado, la "Güera" se levantó y abandonó la sala. Temió dañar su matriz, no poder embarazarse de nuevo o morir en el legrado.

Luis la llevó a parir y ella lo puso como padre. Él quería que se llamara Guadalupe, María Guadalupe, pero ella decidió ponerle Lluvia.

El cortejo pasó a amasiato y ella se embarazó de nuevo. Ambos ahorraban: él de las chambas en la Casa Latina y ella de las comisiones por recibir los paquetes. Todo lo metían a un maletín, cuya combinación estaba en manos de los dos, en el que también guardaban una .380 cromada.

Luis no estuvo tan contento como con el anterior embarazo. Ni le gustó el nombre que se escogió para la nueva bebé: María Fernanda. Tomó distancia y apareció a los meses con otro cuento y otra mujer. Se llevó el maletín y la pistola, con el argumento de que tenía miedo de que la "Güera" se pegara un tiro. "Una tarde lo sorprendí en la casa, con el maletín y la pistola en la mano, y le pregunté ¿a dónde vas? Él me contestó que se iba con otra mujer, que era mayor que él, con dos hijos y el esposo en la cárcel. 'Ella es débil y tú no, tú eres fuerte y vas a salir adelante, ella me necesita' y se fue", recordó la "Güera".

Prometió seguir pagando la renta y darle su parte. Eran cerca de 40 mil dólares lo que habían logrado guardar en ese maletín. Nada cumplió. La "Güera" vio cómo se derrumbaba su reino. Tardó seis días en reponerse, salir a la calle y dejar de llorar. Entró al programa del gobierno estadunidense que consiste en apoyar a los hijos de las mujeres desempleadas y recibió ávida los vales para canjearlos por leche, huevos, frijoles y pan. Le llegó también dinero de sus amigos que movían billetes y droga. Era la lana de la venta de coca a "los tecates", como les llaman a los adictos del otro lado de la frontera, en la región californiana. La lana era la misma que ella recibía en esos paquetes y que luego se esparcía, perdida, extraviada, en otros eslabones del negocio.

Juntó de aquí y de allá: cooperacha de los familiares, los contactos, la raza. Vendió muebles, ropa y joyas. Sumó unos tres mil dólares. Y todo para regresarse a su país, su ciudad, Culiacán.

La ciudad ya era de otros. La ciudad era casa, patio, salón de fiestas y de ejecuciones, paredón y tráfico. La ciudad era de Joaquín Guzmán Loera, el "Chapo", y de Ismael Zambada, el "Mayo". Todos eran del cártel de Sinaloa. Los hermanos Beltrán Leyva fungían como socios, operadores de Guzmán. Socios y familia, parientes cercanos, compadres, amigos, íntimos y vecinos.

Vecinos también de los Carrillo, del Cártel de Juárez, que tenían su asiento y origen en ciudades contiguas, pero con quienes convivían. El padre de los Carrillo, Amado, el "Señor de los Cielos", acababa de morir durante una intervención quirúrgica con resultados tan funestos como sospechosos y truculentos. Pero la vecindad entre los Guzmán, Zambada y Carrillo se mantenía, sobrevivía y era sobrellevada en medio de jaloneos y negociaciones. Santa paz. Humo negro.

Era 1998. La ciudad estaba repartida. La "Güera" llegó y se instaló en medio de ese juego, de esa repartición de poder y movimientos. Compró televisores, una cama y un ropero, y acondicionó la recámara en la casa de su madre. Ella y sus tres hijos. Un nuevo horizonte, entre el pedregal y la polvareda. El polvo que ella vendía era surtido por sus hermanos: un gramo de noche, día o madrugada, era lo que cabía en el tapón de una pluma bic.

Pero ella no estaba del todo convencida de que era eso lo que quería. Buscó chamba, y la encontró en una lonchería, en el centro de la ciudad. El dueño la acosaba y obtuvo como respuesta el mandil que ella le aventó y que quedó estampado en su cara. Caminó cabizbaja alrededor de media hora y dio con un hotel, también en el primer cuadro, entre calles estrechas que de repente se abrían y llenaban de puestos de comidas. El encargado le ofreció acomodarla como mesera del bar del hotel. Era un cuarto pequeño con una barra de madera al fondo y una rocola vieja que se activaba periódicamente aunque no hubiera monedas depositadas. Hasta ahí llegaban agentes antinarcóticos: policías sin uniforme, de la judicial federal, con morras y putas, con coca a la carta, drogados y borrachos.

Uno de ellos la cortejó y la amenazó con sacarla de ahí a patadas, de las greñas, si no se iba con él. La "Güera" renunció a las pocas semanas y encontró espacio en un despacho de abogados. Hasta ahí llegó un empresario español, quien le ofreció darle trabajo en un hotel, en el centro de la ciudad. Ella aceptó y terminó de encargada de un turno, tras el mostrador de la recepción, para luego emigrar a encargada del bar: un rincón pestilente, húmedo, con aromas a sudor y unas luces intermitentes que en lugar de agradar espantaban.

Ahí la "Güera" se enteró de Arturo. Le llegó la noticia: andaba con una mujer que le doblaba la edad, la señora era cabrona, estaba metida en el negocio del narco, y parece que fue ella quien lo mandó matar, porque él andaba con una muchacha más joven: "Fue a comprar cerveza y en el expendio lo levantaron, eran cuatro batos, con unos cuernos de chivo, se lo llevaron y apareció a las dos semanas, con el cráneo destrozado, eso fue lo que dijeron los periódicos", contó La "Güera".

Arturo había participado en operaciones del narco en Badiraguato y Culiacán, también en Sonora y Tijuana: ajustes de cuentas, tráfico y matanzas, asesinatos de carro a carro, entre otros ilícitos.

Arturo era moreno, pelo chino y alto. Bien parecido, coqueto, simpático y juguetón. Mujeriego y hablador. Tenía las manos planas y los dedos largos, igual que las uñas. Cuando uno de sus hermanos lo encontró, tirado, entre el monte, desfigurado, con la sangre seca y los gusanos en pleno festín, le dijo a los policías: "Sí, es él."

Juan y Esteban llegaron al hotel. Regularmente no se hospedaban en el mismo cuarto ni en el mismo establecimiento, y se veían en un restaurante diferente cada vez. Hablaron a la extensión telefónica que señalaba servicio al cuarto. Una mujer les contestó que en un momento les llevaban el pedido, y subió con dos cervezas en bote.

Esteban era el más joven. Era simpático y tranquilo, veía a los ojos, inspiraba confianza. Juan era mayor y parecía que no le cabía el cuerpo en esa silueta grandota y tosca, siempre estaba en movimiento, desconfiado, inquieto, de aspavientos y miradas de reojo.

Andaban en un Jetta gris y blanco. Nada de vidrios polarizados, para no llamar la atención. Nada de música estridente ni de arrancones ni de andar de payaso en las calles. Traían dos o tres celulares. 10 mil pesos en efectivo en la cartera. Dos, tres, cuatro identificaciones: como representantes médicos de una empresa farmacéutica, vendedores de dulces De la rosa, distribuidores de cepillos dentales o de una empresa de papelería. Todas las credenciales con nombres diferentes, falsos como sus direcciones y empleos.

Esteban recibió las cervezas de manos de la "Güera". Le dio uno de 500 pesos. "Él me dijo que me quedara con el cambio, pero era mucho, y mejor le dije que así, le di las gracias y le regresé todo."

Esa noche Esteban y Juan bajaron al bar. Después llegó un tipo cuarentón, arribó con 10 chavos, sus efebos. "El bato es joto", cuenta la "Güera". Ella no quería darle servicio porque era grosero. Le advirtió, cuando se sentó en esa mesa, con los jóvenes, que "nada de desmadres porque te la parto, te corro de aquí, a la chingada". Él pidió otra y otra y cuando pagó le aventó los billetes. Esteban se dio cuenta. Se abrió paso y le soltó el uno dos. Los otros respondieron. Ingresó Juan a la gresca. Alguien llamó a la policía. Se los llevaron a todos.

Esteban y Juan volvieron a los pocos minutos, a pie. Les habían soltado varios billetes a los polis. La "Güera" le regresó a Esteban una billetera engordada con varios de a 500, un torzal grueso y un teléfono celular que se le habían caído en medio de la gresca. Convinieron en salir a dar la vuelta pero ella puso una condición. "Le acepté la invitación a comer o a ir a cenar, pero si me acompañaban mis hijos, y él aceptó, me contestó que no había ningún problema."

En el restaurante, Esteban le dio un anillo. Él empezó a tratarla como su novia, su pareja, y hasta se apersonó un día en su casa, para saludar a su nueva suegra. Luego le mandó una televisión, muebles, dinero y ropa.

Después la "Güera" iba con él y su hermano, algunas veces con el padre de ambos, a quien respetaban y veían alto. El padre era estricto. Los trataba bien, pero a la hora de regañarlos los veía como si fueran niños.

Iban y venían a Mazatlán, a Tepic, y a ciudades de Sonora. También a Monterrey, pero no querían volver a esa ciudad norteña, por eso acudían lo menos posible: allá, en medio de una persecución que derivó en enfrentamiento, quemaron una patrulla de la Policía Municipal.

En los anuncios de los kilómetros recorridos en carretera dejaban señales, marcas, armas, dinero y parque envueltos en bolsas de plástico, entre piedras y maleza, bajo montoncitos de arena. Una Glock nueve milímetros, 30 cartuchos, dos .380, una nueve milímetros, una .45. Después recogerían el material.

Ella iba con él, abrazada, enredada. Con los retenes de la policía él le pasaba las armas y ella las escondía entre sus prendas o se sentaba sobre ellas. Nunca la esculcaban.

La "Güera" es altiva, seria, alta, cejas tatuadas, caderas prominentes, blanca como la espuma del mar, y bravía, entrona, como las yeguas jóvenes e indómitas.

Esteban iba con su familia: esposa e hijos, y nunca los paraban. Ella y él, juntos, atravesando carreteras, eran felices. A él le daba miedo la ciudad. Sabía que no era su plaza ni su casa, que ahí no los podían agarrar porque eso era morir. Perder. El fin.

Al puerto de Mazatlán llegaron a cobrar. El deudor les pidió una semana más, porque no tenía efectivo. Esteban se encabronó, sacó la escuadra y le dio varios cachazos en la cara. Entraron a la casa, sacaron joyas, relojes, alhajas y se fueron. Alguien llamó a la policía y les dispararon. La pareja traía con qué pero no contestó. Salieron de ahí sin rasguños. Escondieron tres armas y unos 50 cartuchos en un callejón con maleza, entre dos casas, en la zona dorada, y regresaron a su ciudad. Allá los alcanzó el deudor y les pidió lo decomisado, a cambio de la paga, y pagó, pero nada le regresaron.

En el retén de la federal, el de los perros insistía en esculcarlos. El supuesto agente insistía porque al parecer les habían dado un pitazo en el sentido de que un vehículo con características similares iba a pasar por esta vía, con droga y armas. La revisión duró alrededor de tres horas. Los del operativo quitaban y ponían de nuevo los asientos, el tablero y las llantas. La "Güera" estaba desesperada: la bolsa de mezclilla que le colgaba del brazo estaba copada de billetes gringos. La separaron de Esteban. Él tranquilo, vio pasar a su hermano, en el otro carro, sin problemas. Le hizo señas de que no pasaba nada, y Juan siguió su camino. El policía pretendió revisarla a ella también, pero la "Güera" se negó y a cambió sugirió que la esculcara una mujer. Sabía que no había mujeres policías ahí.

"Recuerdo que vi al comandante, que estaba a unos metros de ahí, así que me quejé con él, le comenté que teníamos tres horas ahí, que revisaban y revisaban, que no había nada, y le pregunté que de qué se trataba, que era un abuso".

El oficial traía unos lentes oscuros marca Ray Ban, blanco, alto, joven y apuesto. Volteó a verla y le festejó la altivez. El oficial la admiró y le lanzó algunos piropos. Antes de ordenar que los dejaran ir "preguntó qué perfume traía yo. Le dije que Hipnotic, y él me sonrió, como coqueteándome, y se dio la media vuelta y se fue".

Ella traía una pistola que parecía encededor de cigarrillos. Una 22 que él le había regalado. Y su anillo doble, con diamantes, que lucía en uno de sus dedos de la derecha. Llegando a aquella ciudad norteña, en una Cherokee blanca, del año, sin placas de circulación, chocaron. A pesar de que los daños eran leves, la señora que manejaba se puso histérica. Esteban le pidió que no llamara a la policía de tránsito. Le dio 40 mil pesos en efectivo a los del seguro, vendió el carro que llevaba en un taller cercano, y al día siguiente se compró uno nuevo. La noche anterior un taxista fue por ellos, los llevó a cenar y luego los llevó de regreso al hotel. Esteban le dio 500 pesos de propina.

Era el 2002. Los desencuentros entre Guzmán Loera y Zambada, de un lado, y los Carrillo Fuentes, del otro, empezaban a aflorar. Tenían que repartirse las plazas y Guzmán, recién fugado del penal de Puente Grande, en Jalisco —en el 2000, cuando recién empezaba el gobierno de Vicente Fox—, volvía para reclamar poder, territorio y dinero. Era el jaloneo por la jefatura: el norte, sus ciudades, estaban en juego. Los Carrillo decían que sí y ponían condiciones. Insistían en que Rodolfo Carrillo fuera el jefe de la plaza. Del otro lado les decían que no, que tenía que mandar Guzmán Loera. Negociaciones sobre la mesa. Patadas abajo. Buenas intenciones, abrazos y apretones de mano. Ejecuciones a los lados, en los patios traseros, a la vera de los caminos. A los dos años, entre las víctimas estaba el propio Rodolfo Carrillo y su esposa Giovanna Quevedo Gastélum, en septiembre de 2004, en la plaza comercial Cinépolis, en Culiacán.

Esteban y la "Güera" acordaron casarse. La fecha quedó para el 14 de febrero de ese año. Unas semanas antes, él llegó para los detalles de la celebración civil. Ella había cambiado de opinión y propuso posponer la boda. Tuvo miedo. Convinieron programarla de nuevo. Esteban se fue pero le llamaba todos los días, desde el mismo número de teléfono celular. Le decía que tenía que ir con él a esa ciudad, que estaba trabajando duro, juntando, valorando opciones, para poner un hotel y abrir un restaurante. Quería que ahí vivieran juntos.

Se lo decía con seguridad y entusiasmo. Se le notaba en la voz, en los tonos, los énfasis, las ganas de salir adelante, de empezar algo nuevo, de estar con ella.

Así duraron alrededor de cuatro meses, hasta que los invadió el silencio: Esteban ya no llamó más y a sus llamadas ella escuchó apenas el "teléfono que usted marcó está fuera del área de servicio". A los días, la grabación en el aparato de telefonía celular alimentaba la desesperanza: "Este número es incorrecto, verifique su marcación."

La "Güera" está sentada en un sillón de un restaurante en el malecón. Ve cómo pasan los carros. Extraña ir en las cabinas de las camionetas, sentir las manos de él recorriéndola, juguetonas. Tocar la fusca en el bolso rebosante de billetes, meterse la .380 en el pantalón, entre el calzón, sentarse en la .45, esconder la nueve milímetros en las botas vaqueras.

"Me hubiera gustado seguir con él. Extraño ese dinero, la facilidad con que se obtenía y se gastaba. Me sentía una reina, bien chingona. Pero eso ya se fue y no me arrepiento de nada. He tenido suerte, a pesar de todos los putazos que he recibido, casi nunca me ha faltado dinero y aunque de repente, en temporadas cortas, no haya lana, luego cae y en abundancia", dice.

Mira a través de la ventana grande. Mira el río, el barandal, el adoquín rosa. Mira sin mirar. No tiene distancia ni punto fijo. Actualmente vive de la renta de brincolines y rockolas, guisa para fiestas y tiene un establecimiento de comida rápida.

Ya no vende polvo ni trae el encendedor ese que escupe balas. No se siente la reina, la chingona. No más. Y lo más fuerte que hace, lo más loco, es pistear y pistear, combinando tequila y cerveza, olvidándose de todo, de cómo terminó esa jornada etílica, con quién y cómo llegó a su hogar.

Mientras, la ciudad ya no es de uno ni de dos. Es de varios, de todos y de nadie. La pelean a palmo, entre calles y calles, cuadras, manzanas, barrios, colonias. Desde principios de 2008 la máxima es todos contra todos: los Beltrán se han separado y le declararon la guerra a Zambada y Guzmán, y del otro lado, otro frente, los Carrillo aliados con todos los enemigos del "Chapo" y el "Mayo". Tumban, matan, decapitan. Quieren todos tener más, avanzar incendiando la ciudad.

Ella dice: "Ahora no le entro, está todo muy descompuesto, hay un desmadre, una matazón… mejor así me quedo".

Soy narca

El mesero la empezó a tratar por esa sonrisa tierna. Su mirada apacible. El pelo güero y lacio que le caía al hombro. Esa manera directa de hablar con la mirada y con los ojos simultáneamente. Esa forma de sostenerlo todo de frente al tratar con las personas.

Pero era un ángel de alas negras. Una sombra siniestra se dibujaba detrás de esa sonrisa tierna.

Llegó incluso a escoger la mesa, en el restaurante La finca de doña Naty. Ahí donde se sentaban ellas él quería atender: "Buenas noches, ¿qué le sirvo?", "Sí, enseguida", "A sus órdenes, señorita". Ellas en bola. Él siempre la veía a ella.

Primero las bebidas. Empezaban con las tecates rojas. Luego la botana: aguachile, pulpo, callos y camarones para picar. La siguiente ronda era de tostadas de ceviche de camarón. Luego el tequila para el desempance. Viandas y más viandas. Era una orgía gastronómica en cada visita al restaurante.

Él intentó acercarse a la bella. Se movía hacia ellas ante cualquier seña, ademán o guiño. Si podía, aprovechaba para platicar. La admiró de cerca. La besó con la mirada y tocó sus mejillas con esas yemas morenas y maltratadas. Se imaginó enredado a sus caderas. Nada más.

Luego el trato pasó a más. Y se sembró la confianza. Fue así que se enteró que era distribuidora de droga. Que se entendía para ello con otros meseros, cantineros y capitanes de restaurantes de la ciudad.

"Soy narca" le dijo ella sin recato. Lo condujo hasta el estacionamiento y le abrió la puerta de la cajuela: bolsas de polvo blanco, ordenadas de un lado y de otro, por kilo, medio kilo, bolsas más grandes, y otras pequeñas para dosis de consumo individual.

Así fue que el mesero se puso a vender. Otros meseros fueron sus primeros clientes. Luego iban a fiestas después de concluido el turno y ahí también distribuía. Con los conocidos fiaba. Con el resto el pago era inmediato y sin regateos.

Pero empezó a buscar el fondo de las botellas y a limpiar con su nariz las rayas y las bolsitas de plástico. Lo que ganaba se lo echaba por las fosas nasales. Lo fiado no lo recuperaba. La deuda creció.

Y empezaron los cobros. Primero bastaron los "Luego te pago". Pero pronto no fueron suficientes. Llegaron las amenazas: ella con esa mirada angelical y perversa, que le sostenía de frente y también la .380 Colt, y dos guaruras a los lados. Los dientes le crecieron. La boca se le hizo grande cuando le repitió, con escupitajos entre los dientes, que lo iba a matar.

Lo último fue aquella correteada. Lo esperaron afuera del restaurante y él no los vio, a pesar de la paranoia. Lo siguieron despacio por la Paliza. Luego la Escobedo hacia la Serdán, en un céntrico sector de Culiacán. "Te vas a morir hijo de la chingada." Ella iba del lado del copiloto. Un cañón de escuadra se asomó por la ventana del conductor. Corrió y oyó detonaciones. Le pareció ver tras de sí, en plena huida, las balas que lo perseguían, le aplicaban marcación personal.

Le contó a su papá y a su hermana. Un amigo puso cinco mil. Cooperaron como si se tratara de medicamentos caros para un enfermo grave. Esos días no trabajó. Con ojeras como si fuera lodo seco pegado a la piel buscó a la tipa. La encontró en su casa, en la colonia Chapultepec. Como si nada recibió el dinero. Lo invitó a pasar y le ofreció la ternura aquella que la caracterizaba.

El mesero salió de ahí sin creérsela. Dos cuadras adelante lo alcanzó el mismo carro del tiroteo. Lo subieron a la fuerza. Estaba en la misma cajuela en la que iba la coca cuando ella se le presentó. Le dieron una paseada.

Pensó que era el fin: en Culiacán más del 90 por ciento de las personas "levantadas" por sicarios que operan para los cárteles del narcotráfico aparecen muertos a balazos, atados de pies y manos, amordazados y con los ojos vendados. En el mejor de los casos los ejecutados tienen el tiro de gracia. Pero en la mayoría hay huellas de tortura, mutilaciones y lesiones de bala en pecho, espalda, rodillas, brazos, abdomen y cabeza. Y se vio así, envuelto en cobijas o plásticos negros, amarrado y ultimado de varios tiros. Lloró en el interior de la cajuela. Se despidió y rezó.

A las dos horas lo soltaron en medio de un monte. A lo lejos se escuchaba el paso de los vehículos. Una carretera cerca. Le dijeron "No te vuelvas a meter, no te acerques, porque a la próxima te vamos a encajuelar, y vas a aparecer en un monte como este, envuelto en cobijas, atado de pies y manos, con dos balazos en el pecho."

A pesar de la insistencia, el entrevistado no suelta el nombre de la mujer. Sabe que es un ángel, etérea, eterna, de alas negras.

Renata

Su nombre completo es Renata Loaiza Espinoza. De mediana estatura, morena, de facciones duras y buenas formas, "plantosona", dirían las señoras de antes, que quiere decir frondosa, firme. Tenía 30 años entonces, cuando se ubicó al frente de un comando armado para rescatar a su esposo. Así saltó a la vida pública.

Renata dista mucho de ser como esas que forman parte del "voluntariado" del crimen organizado: las que siendo amas de casa y esposas de capos son filántropas y generosas con indigentes y vendedores de cruceros, pero no se meten en problemas, se limitan a recibirlos en las camas de la "segunda" casa para retribuirles con amor y sexo lo que reciben en dinero y propiedades, o posan en las camionetas de lujo, junto a ellos, erguidas, enjoyadas y entronas.

Ahora la generación narca da para damas enfierradas, con la escuadra .380 a la mano, listas para saltar. Sin llegar a ser emperifolladas, andan de mezclilla y blusa casual. Venden droga y administran casas de seguridad. Llevan y traen fajos de billetes, armas y parque. Son escudos a la hora de los retenes y las revisiones, y en esto no dudan en hacerse acompañar de hijos menores de edad, hermanas y otros familiares. Así evitan los esculques o hacen que éstos sean menos meticulosos.

Informes de la Unidad de Fuerzas Especiales (UFE), un cuerpo policial de elite que tiene como objetivo combatir el narcomenudeo en su modalidad de corrupción de menores, de la Procuraduría General de Justicia de Sinaloa, indica que alrededor del 50 por ciento de los 205 detenidos hasta julio de 2006 por este delito son mayores de 50 años, y de ellos alrededor de un 18 por ciento son mujeres. Pero en el 2009 la cifra ha aumentado y es cercana a la mitad de las personas aprehendidas.

Son féminas metidas hasta el acta de defunción en el narcotráfico. Algunas de ellas obligadas por el esposo o amante, quien generalmente forma parte de una red de distribución de drogas y armas al servicio de cárteles locales. Otras veces la mujer llega a estar al mismo nivel que hombres que las coptaron. Incluso los superan en seguridad, aptitud y perseverancia.

El comandante "Apolo", seudónimo que usa el jefe de la Unidad de Fuerzas Especiales, afirmó que "la mujer tiene un temple más fuerte, no se inhibe, muestra más seguridad y cuesta mucho trabajo saber cuándo son las que están al frente".

Renata sabía del peligro. Su esposo, Israel Flores Pasos, conocido como el "Gringo", había sido jefe de una banda de narcomenudistas en una importante región del norte del país. La carrera ascendente de Flores se truncó por sus enredos: la ejecución de cuatro personas, entre ellas una mujer, debido a un problema de drogas.

La masacre fue ordenada por él y también participó en ésta materialmente. La matanza fue el 22 de mayo de 2005. Tres días después lo estaban presentando con otros cuatro presuntos narcotraficantes y homicidas.

Los agentes de la Policía Ministerial que investigaron se empeñaron "extrañamente" en esclarecer este múltiple homicidio y lo detuvieron. Lo llevaron a la cárcel y ahí le llegó la versión que luego compartió con Renata: había una consigna, línea, órdenes de matarlo.

Ella tuvo miedo pero supo qué hacer. Sin pensarla se movió y lo hizo rápido. Convenció a cinco personas, entre ellas una mujer, reunió armas, parque, teléfonos celulares y dos vehículos. El comando que Renata encabezaba interceptaría un convoy de custodios del penal durante el traslado del "Gringo" a un juzgado federal, ubicado por el bulevar Insurgentes, en la zona conocida como Centro Sinaloa, y lo rescataría. En total, ofreció pagarles 10 mil dólares.

Versiones de la Procuraduría General de Justicia del Estado indican que el operativo de rescate del reo llegó hasta la policía a través de un delator y se diseñó una estrategia para frustrarlo. Y tuvieron éxito.

El 21 de septiembre de 2005 los agentes detuvieron a seis personas, a pocas cuadras del Juzgado Tercero de Distrito: María del Refugio Zamudio Flores, de 25 años, a quien se le encontró una pistola calibre .9 milímetros con el cargador abastecido, José Armando Lizárraga Ponce, de 28 años, Jesús Antonio Aguirre Machado, de 23 años, Rodrigo Félix Guerrero, de 20 años, Jesús Collantes Lozano, de 24, y la misma Renata Loaiza.

Los agentes les aseguraron dos vehículos, un Dodge modelo 1998, y un Chevrolet Malibú, además de la nueve milímetros, un revólver Taurus con cinco cartuchos, un revólver .38 especial Smith and Wesson, también con cinco cartuchos, una .38 súper con ocho cartuchos, y dos armas .9 milímetros, con 13 cartuchos, un cargador con ocho cartuchos, dos teléfonos celulares, 10 mil 50 dólares y dos pasaportes, uno de ellos a nombre de Renata y el otro a nombre de Alejandro Martínez Horabuena, identidad falsa del "Gringo". Ambos, señalan informes de la procuraduría, tenían planeado huir a Estados Unidos.

Pero las armas no eran tantas y menos los cartuchos. No para un rescate de este tipo, que pudo haber incluido un cruento enfrentamiento con los uniformados, que en total sumaban cinco.

Fuentes de la Policía Ministerial indicaron que el rescate no tenía el aval de los jefes del narco. De lo contrario, aseguran, se les habría facilitado la operación y hasta la huida del preso, con todo y sus compinches. Más bien todo apuntaba al lado contrario: el "Gringo" había sido entregado a los agentes, les había "calentado" la región con ese múltiple homicidio y se estaba convirtiendo en un obstáculo que llamaba demasiado la atención del gobierno. Ahora tenían que deshacerse de él.

Pero debido a una supuesta "línea" oficial, Renata y sus secuaces permanecieron pocos días retenidos por las autoridades ministeriales. El Ministerio Público extrañamente liberó a los detenidos bajo fianza y no avisó a tiempo al Ministerio Público Federal para que asumiera el caso en lo referente a posesión y acopio de armas de uso exclusivo del Ejército Mexicano.

El artículo 136 del Código Penal del Estado de Sinaloa señala penas de hasta ocho años de prisión por el delito de evasión de reos en grado de tentativa, pero esta pena se reduce a la mitad si el involucrado es familiar del reo, como fue en este caso.

Por eso, la averiguación previa que integró la fiscalía local fue por evasión de reos en grado de tentativa, lo cual es considerado un delito no grave. Aún así, la Procuraduría General de la República (PGR) abrió el expediente 599/2005, pero con información oficial de la procuraduría local "arreglada" y sin muchos elementos para retomar con fuerza el caso.

Así, el Juzgado Segundo de Distrito giró orden de aprehensión en contra de cinco de los seis detenidos, es decir, excepto Renata Loaiza Espinoza. La delegación local de la PGR se inconformó por la exclusión de la presunta y el caso siguió en los tribunales judiciales.

Por su cuenta, la dependencia federal, a través de la Subprocuraduría de Investigación Especializada en Delincuencia Organizada (SIEDO) y del Centro Nacional de Planeación, Análisis e Información para el Combate a la Delincuencia (CENAPI), las autoridades federales siguieron de cerca los pasos de Renata, que para entonces, por su matrimonio con Israel Flores Pasos, ya se había ganado el apodo de la "Gringa", quien, según la dependencia federal, era líder de una organización "poderosa y peligrosa" que se dedica a la venta de drogas en importantes regiones del noroeste del país.

Según datos de este centro—que mantiene importantes enlaces con la Secretaría de la Defensa Nacional (SEDENA), Armada, Seguridad Pública Federal y procuradurías estatales—, la "Gringa" tiene la protección de capos locales del narcotráfico, con poder más allá de algunas entidades, y de importantes servidores públicos.

El efímero encierro sirvió para que Eduardo Granados Palma conociera a Renata. Granados, propietario de la empresa Grapesa, había caído preso el 18 de marzo de 2004, acusado del homicidio de su novia, Berenice Melchor, quien fue ultimada a golpes con un objeto contundente, al parecer un martillo. El empresario había obtenido un contrato por 11 millones de pesos otorgado por el gobierno de Sinaloa para la capacitación de agentes de las corporaciones locales, entre ellos de la Estatal Preventiva y Ministerial.

Preso, con televisión, aire acondicionado y muebles, frente a su laptop con servicio de Internet ilimitado, el joven, quien se autocalificó como especialista en terrorismo, con cursos de capacitación en Israel y otros países, logró relacionarse con la "Gringa".

Su gusto por esa mujer robusta y atractiva pareció acrecentarse cuando el "Gringo", su esposo, fue acabado a cuchilladas, en un ataque perpetrado por al menos una veintena de reos. Era una historia contada, esperada y escrita: el "Gringo" debía morir, la orden ya estaba dada, al parecer, por los jefes del Cártel de Sinaloa, los mismos a quienes antes servía.

Una vez en libertad, según consta en el expediente de las autoridades ministeriales, fue él quien se encargó de regresarla a su lado. Ella misma lo confesó después. Los agentes de la Policía Estatal Preventiva que la detuvieron, con otra persona, y el mismo Granados Palma, confirmaron la versión: él fue quien le mandó "sembrar" droga a la camioneta en que viajaban Renata y su amiga, con tal de que la detuvieran y la remitieran de nuevo al penal.

El 9 de febrero de 2006 se trasladaba en una camioneta tipo Murano, color dorado, modelo 2005 y placas VHS-90570, a un centro comercial. Iba con una joven identificada como Gabriela Viridiana Cháidez Medina. Traían, según el parte informativo rendido por la PEP, 50 dosis de cocaína. La "Gabi", como le decían a su acompañante, hizo una serie de llamadas frente a los agentes y luego colgó para decirles que la droga era de ella y que asumía toda la responsabilidad. Así deslindó a Renata.

Por este caso, la PGR abrió la averiguación previa 0063/2006 por delitos contra la salud. Ambas fueron remitidas a la cárcel. Y ahí, de un patio a otro, Granados le mandó un recado: "Dice Granados Palma que lo que tiene que hacer él para tenerte cerca. Que te mandó 'sembrar' la droga para verte", de acuerdo con una nota publicada por el semanario *Ríodoce*.

La droga, declararon los agentes, estaba bajo el tapete de la unidad motriz y no en manos de Renata, y ese fue el argumento para que el Juzgado Cuarto de Distrito, que llevaba el caso, le dejara en libertad unos días después. Su acompañante, que se declaró adicta y pagó una fianza, logró salir el 17 de ese mes.

El deseo de Granados Palma reflejaba una conducta demencial y obsesiva, que había nacido del blofeo caprichoso que acostumbraba asumir, y que se había transformado en una insistente terquedad por tenerla ahí, junto a él, dentro del penal o donde fuera.

Mucho se dijo de la relación de Eduardo Granados con altas autoridades del gobierno estatal: sin esa relación de privilegio, aseguraron, no habría obtenido ese contrato millonario, del que debía entregar, a cambio, una tajada.

Tenía delirios de grandeza y se dio una vida a la que pocos accedían dentro del penal. A tal grado que estableció contactos con un supuesto empresario argentino, identificado como Walter Juan Ramos, con quien acordó realizar importantes inversiones en aquel país, y con quien grababa videos, usando la videocámara de la computadora portátil, para subirlos a la página virtual de YouTube, en los que hablaba sobre su hijo, la cárcel como oportunidad para regenerarse y otros temas de superación personal.

El 4 de mayo de 2006, Granados consiguió la libertad. Se fugó por la rejilla de prácticas del Juzgado Segundo Penal, al parecer, con la complicidad de la escribiente Claudia Araceli Ochoa Verdugo, a quien Granados logró "enamorar" a través de correos electrónicos, mensajes telefónicos y una que otra visita personal.

"No lo llamaron, no tenía diligencia que llevar a cabo; él presentó una boleta para una audiencia en el juzgado; en esta circunstancia el apoyo fue exterior a través de los juzgados", afirmó Ricardo Serrano Alonso, entonces subsecretario de Prevención y Readaptación, de la Secretaría de Seguridad Pública estatal.

En la agenda del evadido, la hoja de ese día tenía el mensaje, escrito por él mismo: "Empieza hoy operación renacimiento."

En plena fuga, jactándose de su logro, erguido y triunfal, Granados visitó la tumba de quien fuera su novia y su víctima, Berenice Melchor, en el panteón San Martín. Medios informativos locales expresaron sospechas de que tras esta evasión estaba la "Gringa", quien de alguna forma había ayudado al truculento empresario a salirse furtivamente del penal.

Granados se dio el lujo de buscar a su deseada silueta femenina, la carnosa y entrona. Le habló por teléfono y le envió mensajes a través del celular. Y ahí perdió.

Luis Pérez Hernández, entonces subsecretario de Gobierno, quien había fungido como jefe de la dirección de Gobierno, el área a la que se le atribuyen labores de policía política en la entidad, y a quien se ubicó como el responsable de labores de espionaje contra disidentes, periodistas y detractores del gobierno estatal, ofreció recapturarlo.

Fuentes internas del equipo del gobernador Jesús Aguilar Padilla señalaron que al mismo Pérez le convenía traerlo de nuevo y encerrarlo, pues se le acusaba de estar detrás de la evasión, para que no informara sobre los supuestos negocios mutuos en la administración estatal. Ante el mandatario, Pérez pidió a cambio que se le reconociera este triunfo, una vez que lo recapturara. "Y también quiero que me hagas un monumento", le dijo al gobernador Aguilar, en son de broma, según confiaron fuentes cercanas a estas indagatorias y a las altas esferas del gobierno estatal.

A través de otra persona, Luis Pérez logró establecer comunicación con Renata Loaiza. Le pidieron que colaborara y le ofrecieron impunidad. Entrona, pero precavida, la "Gringa" les contestó que no, pero accedió a entregarles el aparato celular. Él, Pérez, recibió y contestó mensajes amorosos, tiernos, coquetos y concupiscentes, haciéndose pasar por la "Gringa". Pero nunca respondió las llamadas, que llegaron a sumar, en lo más intenso de la persecución y romance, entre 10 y 12 diarias, durante cerca de 15 días.

El gobierno estatal decidió jugársela. No implicó en esta tarea persecutoria al Ministerio Público y los agentes de la Policía Ministerial intervinieron hasta el final. Fue autorizado el uso de aparatos sofisticados de intercepción de llamadas y mensajes. Granados traía un aparato de la empresa Pegaso y fue ubicado en Guadalajara. La célula del aparato, que no podía identificarse pues estaba bloqueado, procedía de la perla tapatía: dieron con él, su calle, todo. Pero esperaron. No querían que el operativo se les desmoronara antes de que le echaran el guante.

Ahí apareció de nuevo Renata con su pelo suelto, las uñas decoradas con colores y piedras incrustadas y esas caderas generosas. Hablaron con ella y le advirtieron: "Así como te plantó la droga para que te volvieran a encerrar, así, así como está de loco, te puede mandar matar." Le enseñaron mensajes despectivos escritos por Granados hacia su persona, pero también amenazantes, que el fugado había escrito en su agenda, en la que hacía anotaciones a diario.

La "Gringa" aceptó, pero puso condiciones: no quiero broncas, no quiero nada, sólo que me dejen en paz y que me pueda ir a casa, a donde quiera, sin problemas, sin ustedes y sin él. Le dijeron que sí, que lo que quisiera. Mandaron por ella a Culiacán y se la llevaron a Guadalajara, para que se viera con Eduardo Granados Palma. La cita, una vez que ambos hablaron, fue en un centro comercial.

Ahí se encontraron, custodiados por todos lados, sin que él se diera cuenta. Ella confesó, en los momentos previos, que tenía miedo. Le pusieron un micrófono y marcación personal, de lejos, distante, discreta. Se suponía que irían de compras. Pero más bien serían ventas: la de él, su venta y entrega. Lo rodearon agentes de la Unidad Especializada Antisecuestros, sin un disparo, sin tiempo ni besos de despedida. Renata lo vio esposado y enmudeció. Soltó el aire. A él se le acercó un agente, al parecer el jefe del operativo, y le preguntó "¿Ya sabes quién te detuvo?"

Lo llevaron a Culiacán en el avión Falcon, propiedad del gobierno estatal. Luis Pérez le habló al gobernador: "Ve juntando el bronce", comentan testigos que le dijo, haciendo alusión a su broma. Y le pidió lo mismo, que le reconocieran este logro. De última hora, el lugar y hora de la conferencia de prensa para presentar al recapturado fueron modificados. Pérez se molestó, entendió que lo estaban dejando fuera. En tres estaciones de radio, en forma casi simultánea, soltó la primicia, por su cuenta.

A los pocos días no cupo más en su oficina de gobierno. Se ausentó una semana. Volvió para despedirse.

Renata deja asomar su piel morena en los linderos de la blusa, en ese campo abierto que deja el cinto del pantalón. Estrías que la enseñoran y aseñoran. Altiva, lleva las cejas tatuadas y arroja una mirada fría, como de escarcha. Tiene una nueve milímetros atrancada a un lado del ombligo. De mediana estatura, pelo suelto. De formas de árbol inhiesto, lleno de follaje y nidos. Frente a las cámaras está altiva. Pero se descuida y baja los hombros: va herida. Herida y libre, por unas calles y una ciudad que no son las suyas, en medio de acusaciones de falsificación de firmas y documentos, posesión de drogas y armas, e intento de evasión de reos, que dejó atrás y que por eso la persiguen.

Renata Loaiza Espinoza la esposa y madre, la amiga y amante, amenaza y carnada. La que quiso rescatar al marido preso, que después cayó muerto de cuarenta heridas de armas punzocortantes. La que entregó al otro, que igual la quería, igual la amenazaba. Ella le temía y lo odiaba. Y así se despidió. En una carta enviada el 30 de marzo de 2006 al periódico *Ríodoce*, que circula en Sinaloa y había publicado investigaciones sobre la trayectoria de la "Gringa", les escribe, grita, reclama que la dejen en paz:

"Métanse con los narcos grandes, a ellos investíguenlos, a ellos denúncienlos, no se aprovechen que soy una mujer sola... hablen de los jueces y publiquen sus fotografías y senténcienlos, ¿a mí por qué?

"Entre otras cosas me califican como dura, fría, calculadora... por su madre les pido, no me pongan en peligro de muerte con tantas mentiras... sigo tratando de ser una mejor persona cada día. No estoy escondida, me estoy defendiendo, además los hago responsables a ustedes de lo que me pase en esta vida, digan la verdad, no sean infames, respeten a una mujer que tiene un hijo, no sean malditos..."

Y nunca más se le volvió a ver.

NARCO BELLEZA

Laura Zuñiga Huizar, al ser coronada Miss Sinaloa, en Mazatlán, el 2 de julio de 2008. Meses después, Laura fue arrestada en Guadalajara, por estar presuntamente relacionada con el narcotráfico. (AP Photo)

Yajaira

Claudia Yajaira se lo dijo a todo mundo, a sus padres y a otros parientes. Y también a su tío, un narcotraficante que operaba en el puerto de Mazatlán. Y fue él quien la secundó y apoyó incondicionalmente. Quería ser reina de belleza, soberana del carnaval: tener para sí un trozo de paraíso, de cielo.

Se lo propuso desde niña, igual que muchas, miles, de menores y jóvenes habitantes de este municipio, ubicado al sur de Sinaloa: reina de reinas, tener la corona, posar para las fotos, los reflectores, las luces efímeras de las cámaras fotográficas, como relámpagos, saludar, alzar la mano, delicadamente, moverla como diciendo adiós. Y sentirse soberana. Pasear ese vestido escotado, liso, azul cielo o rosa, de seda, por las pasarelas y los carros alegóricos.

Ella contaba con su padre y su madre, pero era el tío quien la apalancaba. Su tío era un capo influyente y temido, poderoso y peligroso: no tenía pedal de frenos, sino acelerador, a la hora de tomar decisiones. Y su tío, con todo y su dinero, no le compró la corona: la arrebató. Sin dinero, con un oscuro cañón de pistola frente a los familiares de su principal contendiente, y las respectivas amenazas, le fue cedido el cetro.

El carnaval, ese revoltijo en el que las manos de los buenos se mezclan con la mirada maligna, y los pies del bienportado se instalan en la pelvis libidinosa de algún desconocido, es tierra de nadie y de todos. Los narcos, impuestos a mandar, someter y controlar, también tienen un coto de poder en estos certámenes y en la fiesta misma: no sólo se pasean ufanos, presumidos, eufóricos y briagos, también ponen y quitan reinas, amenazan a las concursantes y sus familias, y compran coronas y cetros.

El 5 de febrero de 1989, justo en el Carnaval del Centenario, de Mazatlán, Claudia Yajaira Osuna Chiquete llevaba las de perder. Su más cercana contendiente, Alma Angélica Loaiza Ayón, había demostrado más soltura, seguridad y facilidad de palabra a la hora de responder las preguntas del jurado. Además, llevaba también la delantera en cuanto a los votos adquiridos y de eso dependía en gran medida la obtención del triunfo.

La Comisión de Promoción y Desarrollo Turístico (CODETUR) del puerto, organismo encargado de organizar este tipo de eventos, había puesto a la venta en sucursales bancarias y en dos emisiones distintas 70 mil boletos para la elección de la reina, cada uno de ellos con un costo de 10 pesos, que equivalían a 10 votos. Quienes adquirieran votos, además tendrían derecho a participar en la rifa de un automóvil nuevo.

La familia Loaiza y su equipo de campaña lograron adquirir 34 mil 398 boletos, es decir alrededor de 344 mil votos, la de Claudia Yajaira cerca de 25 mil 183, equivalentes a poco más de 251 mil votos, la de Iris Ibarra Gallardo, otra de las candidatas, 6 mil 095, la de Vanessa Escobar 2 mil 800, y la de Johsy García mil 500.

Todos esperaban ansiosos el anuncio. Pero muchos, la mayoría de los asistentes, daban por ganadora a

Alma Angélica, quien además de su desempeño favorable, había obtenido las simpatías del público, por su carisma y sencillez.

La joven, al parecer hija de una familia clasemediera, con un padre que se desempeñaba como contador público, iba segura por el cetro. Hasta que llegaron esas llamadas anónimas. Y esas voces distorsionadas, roncas. Esas palabras pesadas, que caían y golpeaban los oídos y las sienes, alterándolo todo: piernas, cabeza, corazón y esperanza. Y cayó la oscuridad: la negra cara de un cañón de arma de fuego.

El carnaval es la perdición. Cualquiera, todos, son envueltos en esos cantos de sirena, en esos actos públicos, ejercicios de desmanes e irreverencias. Para la meada, el faje en rincones ajenos, los besos más allá de los linderos del sostén y el extravío de los sentidos. Son borrachera y cruda. Festín y olvido y mutación y disfraz y degenere. No importan los olores nauseabundos de los bulevares, calles anchas y malecones: vómito y flujos: olores fétidos a nauseas, a amaneceres encerrados, meados, eructos de borracho, viento caliente y espeso, basura, colilla de cigarro y bote de cerveza a medio tomar.

El carnaval es una guarida. Triángulo de las Bermudas para quienes quieren extraviarse sin moverse de su lugar, en el desfile, en el loby de algún bar, en un cuartucho de motel, en la barra de algún antro con atmósfera copada de smog, luces de colores y estrobos, pero también en la calle, las banquetas, bajo las marquesinas, en la arena, abrazado por las olas, apertrechados en alguna palapa. Hay espacios suficientes, en las entrepiernas de cualquiera, conocido o desconocido, para los cerca de 200 mil condones que reparten las autoridades de la Secretaría de Salud para estas fiestas.

Carnaval y escondite. Nadie te ve. Todos pasan. Todos te ven. Pero nadie. Nadie te toma importancia. Nadie y todos. Ahí van los narcos, narcojuniors, capos y pistoleros. Hace su aparición la lista de los más buscados. Llegan los boletinados por las agencias antidrogas. Imágenes, siluetas, fotografías, aventuras, operaciones, matanzas, lavado de dinero, y audacia. Todo en ellos, en uno solo. Los carnavales son la fiesta de las fiestas. Y en ésta los narcos se echan un clavado, el mejor regaderazo del año, incógnitos y públicos. Escandalosamente discretos. Jalan la tambora tras ellos, se detienen a media calle sin ser molestados, se zambullen en el libertinaje y se exhiben sin ser vistos. Andan armados, son seguidos de cerca por sus escoltas. Pueden gastarlo todo y lucir sus mejores prendas y joyas, encandilar con sus lujosos relojes y echar a perder la mejor de sus camisas. Estrenar camioneta y tallar con las llantas el pavimento hidráulico.

Aquí han estado capos de capos, narcojuniors, los jefes de los jefes. Como estuvieron todos los hermanos Arellano Félix, antes de fundar el llamado Cártel de Tijuana y emigrar a aquella ciudad fronteriza, inaugurando la disco del momento Frankie Oh. Uno de ellos, Ramón, fue muerto a tiros en un supuesto enfrentamiento con agentes estatales, muy cerca del malecón, el 10 de febrero de 2002. En pleno carnaval. Un muerto en las fiestas, sepelio en el jolgorio.

Ramón Arellano, señalan otras fuentes, citadas además por autoridades de Estados Unidos, fue ejecutado por Ismael Zambada García, el "Mayo", líder del llamado Cártel de Sinaloa o Cartel del Pacífico, y acérrimo enemigo de los de Tijuana. El homicidio, aseguran, fue una trampa impuesta por Zambada y los pistoleros a su servicio sacaron a Arellano del vehículo en el que viajaba, lo hincaron y asesinaron.

El carnaval es alimentado por el mar, por ese ruido envolvente de las olas y su chocar terco con las rocas y su humedad en la arena.

En la lista de hombres del crimen organizado vinculados con bellas mujeres sinaloenses aparecen Francisco Arellano Félix; Ernesto Fonseca Carrillo, "don Neto"; Joaquín Guzmán Loera, el "Chapo"; Manuel Salcido, el "Cochiloco", y otros personajes del narcotráfico.

En 1958, la joven Kenya Kemmermand Bastidas alcanzó la corona de Señorita Sinaloa, y ocho años más tarde fue encontrada muerta en su casa de Casteldaccia, al norte de Sicilia, Italia, donde tenía tres años viviendo. La reina de belleza se había casado con Vittorio Giancana, sobrino de un capo de la mafia italiana que tenía su zona de influencia en Chicago, Estados Unidos.

En 1967, Ana Victoria Santanares ganó el concurso Señorita Sinaloa. Ella es originaria de la ciudad de Los Mochis, municipio de Ahome. En Culiacán, la capital sinaloense, era pública su relación con Ernesto Fonseca Carrillo, "don Neto", hoy preso en el penal del Altiplano, antes llamado La Palma, con quien estuvo casada alrededor de cuatro años.

En 1988, Manuel Salcido Uzeta, el "Cochiloco", famoso por su frialdad a la hora de matar, presionó a los organizadores del certamen de la Reina del Carnaval de Mazatlán para que le dieran el cetro a Rosa María Zataráin. Sin embargo, al final el jurado se pronunció por Rebeca Barros de Cima, hija de una familia adinerada y propietarios de hoteles. El "Cochiloco" movió entonces a sus pistoleros para obligar a los organizadores del carnaval a que incluyeran a la joven Zataráin en uno de los carros alegóricos, por delante de la soberana, aunque no tuviera corona.

Arturo Santamaría, sociólogo e investigador de la Universidad Autónoma de Sinaloa (UAS), y autor del libro *El culto a las reinas de Sinaloa y el poder de la belleza*, editado por esta casa de estudios, el Colegio de Bachilleres (COBACH) y la Comisión para el Desarrollo Turístico de Mazatlán (CODETUR), narra en uno de los capítulos que cuando el narcotraficante Francisco Arellano Félix, líder del cártel de Tijuana, vivía en Mazatlán, se robó a la reina del certamen carnavalesco.

En 1990, Rocío del Carmen Lizárraga tenía 17 años, y en febrero de ese año se convirtió en reina del Carnaval de Mazatlán. Francisco Arellano era propietario de la discoteca Frankie Oh. El 2 de junio, cuando la joven apenas había cumplido los 18, el capo, entonces considerado prominente empresario, con reconocimiento social por parte de los hombres de negocio de la localidad que se esmeraban en codearse con él, la secuestró.

Días después, en estaciones de radio de Guadalajara, donde también vivía el narco, se anunciaba que la reina del carnaval se había casado con Arellano, aunque la joven estaba comprometida con Óscar Coppel, familiar de los empresarios dueños de una cadena de tiendas de autoservicio.

Para Santamaría, este caso representa "una verdadera perla de la picaresca sinaloense". Arellano había sido recibido en la casa de la reina cuando fue a presentarlo Julio César Chávez, aquel campeón mundial de boxeo de quién se dice que estaba relacionado con el narcotráfico. La madre de la joven, angustiada y al mismo tiempo resignada, afirmó que "sólo Dios es el indicado, el único que pondrá las cosas en su lugar"; ella consideraba que tanto Rocío del Carmen como Óscar, su prometido, eran "víctimas del destino".

El 13 de junio de ese año, en una carta enviada a sus "súbditos", mediante un "manifiesto real" publicado en un cuarto de plana del diario Noroeste, explicó: "Yo, Rocío del Carmen Lizárraga Lizárraga, reina del Carnaval Internacional de Mazatlán 1990, me encuentro en estos momentos en esta ciudad y puerto de Mazatlán.

"(...) No quiero juzgar ni señalar al hombre que será padre de mis hijos, el que me dio su apellido y del que solamente he recibido atenciones, pues nunca he recibido un maltrato de su parte.

"Acepto, con resignación, el camino que me ha deparado el destino, y si Dios me ha puesto en este camino, debo seguir. Espero que con la bendición de Dios, de mis padres y de todos ustedes que llegaron a apreciarme un poco, logre ser feliz de alguna manera al final de mi camino."

En su lugar fue nombrada Libia Zulema Farriols, quien había quedado como reina de los Juegos Florales. En mayo de 1993, Francisco Arellano Félix fue apresado y enviado al penal de máxima seguridad de La Palma, y en 2008 fue liberado.

La joven reina del Carnaval de Mazatlán de 1990 ha guardado silencio hasta la fecha, luego de haber vivido en ciudades de México y Estados Unidos y también en este puerto sinaloense.

Otro caso reciente es el de la boda de Joaquín Guzmán, el "Chapo", otro de los jefes del cártel de Sinaloa, quien en 2007 se casó en el municipio de Canelas, estado de Durango, con la joven Emma Coronel Aispuro, de 18 años, a quien promovió y apoyó para que alcanzara el triunfo en el certamen para elegir a la reina de la Gran Feria del Café y la Guayaba, en aquella comunidad serrana.

Guzmán, quien en 2000 se fugó espectacularmente del penal de Puente Grande, en Jalisco, financió fiestas y campaña en favor de la joven de 1.70 de estatura, tez blanca y buen cuerpo, para que alcanzara el reinado. Aunque duró poco: en febrero obtuvo la corona y en julio fue sustituida por haber contraído nupcias con el "Chapo".

Ha habido otros casos, no tan documentados, como aquel en el que los parientes narcos de una joven candidata a reina del Carnaval de Mazatlán trajeron al cantante Ricky Martín para que diera un concierto y promoviera a la aspirante. El capricho, según cuentan organizadores del evento, tuvo un costo aproximado de 300 mil pesos.

Y más recientemente, una joven que nació en Cuba y que fue llevada a Mazatlán cuando era una niña. Sus padres son un cubano y una ucraniana. Su nombre es Olga. La joven, inteligente y escultural, fue reina del Carnaval en el 2008 y apenas tres meses después de obtener el cetro se puso de novia con un narcotraficante de una ciudad cercana, ubicada a cerca de 300 kilómetros del puerto.

"Ella es una muchacha bella, con facilidad de palabra, alta, ojos enormes y castaños, y rasgos delicados. De las más bellas en muchos años", confesó uno de los organizadores del certamen.

"La belleza es un poder. Uno de los grandes poderes en la historia de la humanidad, en todas las sociedades, y ese poder ha sido terreno de disputa, de hombres de poder económico y militar", señaló Santamaría.

El catedrático universitario manifestó que ante la belleza humana, el hombre actúa por instinto y busca hacer suya esta expresión de la naturaleza, como lo hace con obras de arte, películas y otros símbolos, y "eso hace a la belleza femenina más atractiva y seductora, y con más razón si tiene reinado".

"En el caso de Mazatlán y en Sinaloa en general", agregó, "hay miles de niñas y adolescentes que quieren ser reinas de belleza, que crecen con esa idea obsesiva y algunas de ellas son capaces de lo que sea con tal de obtener el cetro".

El carnaval de este puerto, por ejemplo, es una tradición muy arraigada entre sus habitantes y siempre hay disputas, mitotes, versiones de todo tipo, reclamos de fraude y presiones externas.

"En los certámenes hay ricas y pobres, estudiosas, tontas e inteligentes, frívolas… es una disputa, muchas de ellas están dispuestas a ser reinas como sea, con el apoyo de políticos, de empresarios, otras con el apoyo de los narcos, y a costa de lo que sea", manifestó.

En el estadio de béisbol Teodoro Mariscal hay expectación. Son miles y miles de seguidores de una y otra reina. Muchos de los asistentes son simples interesados, seguidores de esta tradición que justo en el 2009 cumplía los 100 años, de ahí el nombre de Carnaval del Centenario, difundido por los organizadores. Llega gente de todo el país atraída por la magia y el mitote, el espectáculo, la fiesta, la música, el ruido, las luces y los artistas.

Las candidatas van ataviadas en vestidos de noche, con escotes eternos, y peinados que militan en la exhuberancia, entrenadas en el andar y el decir y los ademanes, las sonrisas, las miradas. Tacones altos. El brillo, siempre el brillo. Hay que encandilar al sonreír, seducir con esos ojos cafés o aceitunados. La paz, el mundo, el hambre, los niños, y la violencia son el discurso de la reina, de la candidata, de la ganadora.

Las chicas van y vienen al hotel Playa. Ahí las tienen, amotinadas. A su alrededor hay un fuerte dispositivo de seguridad. En el estadio está el público, concentrado en la fiesta y la espera y las ansias. Las reinas salen y entran al hotel, al estadio. Se asoman al escenario para que la gente las vea. Los asistentes aplauden ante cualquier asomo. Destella el escenario. Ellas van y cumplen. Adquieren e instalan una sonrisa automática en sus rostros. Luego se van de regreso al hotel. Una rutina que repiten dos, tres veces, antes del nombramiento.

Entre el público se masticaba un nombre, el de la joven Alma Angélica. La chava tenía ángel y seguridad, se notaba que se había preparado, que le había puesto empeño.

La versión de que Alma Angélica tenía el mayor número de votos era ya conocida, festejaban por anticipado, hasta que les cayó el témpano que les lanzaron los organizadores desde el gigantesco, glamoroso e iluminado escenario.

Habían aguardado demasiado, más tiempo del acostumbrado. Si la elección estaba tan segura por qué tardaban tanto. Los organizadores iban y venían. Las miradas de desconcierto se cruzaban. Había dudas en ese trajinar de los que estaban conduciendo el evento, del maestro de ceremonias y ese séquito aturdido que lo rodeaba.

"Señoras y señores, la reina es… Claudia Yajaira." Los aplausos se combinaron con los abucheos. Hubo gritos, reclamos de fraude, mitotes de compra amañada de votos, de amenazas, de trampa.

El cómputo final anunciado fue de 251 mil votos comprados a favor de Claudia Yahaira, y sólo 121 mil 830 para Alma Angélica Loaiza. Es decir, se "perdieron" cerca de 222 mil 180 sufragios. La reportera Laura Béjar, del diario *Noroeste*, consignó en su nota el rumor que corría entre el público asistente y los organizadores del certamen: las amenazas de muerte en contra de Alma Angélica si no entregaba o hacía "perdedizos" sus votos.

Claudia Yahaira fue coronada 16 días después, en este mismo estadio, como reina del Carnaval del Centenario. Hubo aplausos en la ceremonia de unción, pero también rechifla, desconcierto y decepción entre los cerca de 8 mil asistentes al evento.

En la mayoría de los medios informativos locales hubo silencio. Los del comité organizador, de CODETUR y autoridades municipales, pusieron sus dedos índices en la mitad de sus bocas cerradas. *Shht*, respondieron ante los cuestionamientos, los rumores y mitotes y las versiones extraoficiales.

Dos medios nacionales, el rotativo *El Universal* y la revista semanal *Proceso* lo consignaron: el narco compra coronas y si no, las arrebata, bajo amenazas de muerte.

"Los cerca de 8,000 asistentes daban por anticipado como segura ganadora a Alma Angélica Loaiza Ayón, quien había despertado más simpatías, por lo que contaba con el porcentaje más alto de votos. No obstante, a última hora se anunció que la triunfadora era Claudia Yajaira, sobrina de Samuel Osuna "Batete", quien es señalado como presunto narcotraficante", escribió el periodista Felipe Cobián, de *Proceso*, en febrero de 1998.

Versiones del interior del equipo organizador señalaron que hubo maniobras de diversa índole para evitar que los medios informativos locales se refieran a las amenazas de muerte, la "desaparición" de los votos adquiridos y los movimientos que tuvieron que hacer los de CODETUR y la familia de Alma Angélica, para soportar y salir vivos de este trance.

Aquella noche, en el escenario, las luces se vieron cortadas, quebradas, desde los ojos inundados de la joven que obtuvo el primer lugar pero se lo arrebataron. Las yemas de sus dedos ni siquiera llegaron a rozar la corona. Alma Angélica se puso de pie, con un paso marino apenas perceptible, avanzó. Levantó los brazos. Sostuvo después sólo uno de ellos, en lo alto. Ejercitó a los lados la muñeca derecha y saludó. En realidad fue su forma lacrimosa de despedirse, de decir adiós.

Mirando al sol

María José González López ganó el certamen de belleza de las Fiestas del Sol, en su ciudad natal, Mexicali, cuando apenas tenía 17 años. Ya era poseedora de una silueta excepcional, con protuberancias, curvas y bultos de opulencia. Por eso ganó, en una contienda en la que participaron 42 candidatas, en el 2004, en el estado fronterizo de Baja California. Pero también por esa simpatía que se le desbordaba, esa sonrisa fácil, su sencillez e inteligencia.

Sus inquietudes, esa mezclilla y ropa deportiva que prefería a la ropa de moda y las pasarelas de la frivolidad, la llevaron a estudiar la licenciatura en derecho, en el Centro de Enseñanza Técnica y Superior (CETYS-Universidad), en su ciudad natal. Pero la vida le tenía reservado un sinuoso y trepidante camino. La vida y ella misma, con esas formas generosas a la vida y al viento, cocinándose mutuamente, un destino incierto, desventurado y fatal.

Cuando estudiaba derecho en el CETYS Universidad, tal como lo señalan versiones de la Procuraduría General de Justicia de Baja California e información proporcionada por algunas familias y amigos, María José tuvo una relación sentimental con uno de los socios del bar Dune de Mexicali. Posteriormente, uno de los dueños de este bar fue secuestrado por un grupo de plagiarios sinaloenses que luego fueron detenidos por los agentes investigadores de aquella entidad y declararon ante los policías y el Ministerio Público que "lo habían privado de su libertad para cobrarle piso", práctica común que usa el crimen organizado, específicamente el narcotráfico, en Tijuana y otras ciudades fronterizas, que consiste en pedir cuota a empresarios de algunos giros a cambio de dejarlos operar y "protegerlos" de otras organizaciones criminales.

Al parecer, la joven reina de belleza le confesó alguna vez a sus amigos, de los que tenía muchos, que su padre había sido asesinado violentamente. El progenitor, señalan otras fuentes de la PGJE, había fungido como agente de la Policía Judicial de esta entidad cuando fue ultimado por desconocidos. Las autoridades investigaron este homicidio, pero nunca dieron con el móvil y mucho menos con los responsables.

"Autoridades de Mexicali investigan también el hecho de que la joven, siendo reina de las Fiestas del Sol, habría comentado que su padre fue asesinado. La indagación va en el sentido de identificar el móvil del crimen del progenitor", reza la nota publicada al respecto por el semanario *Zeta*, que circula en Baja California y otras ciudades del país, como Culiacán.

La joven era bella: una hermosura extraordinaria en cada poro de esa piel tiznada y cobriza, amiguera hasta con los desconocidos, apegada a la familia y a los suyos. Además, alegre y fiestera. Así la describieron sus amigos de la escuela, los que la trataron en el certamen de reina de Las Fiestas del Sol.

A los 22 años, María José González López ya estaba casada con Omar Antonio Ávila Arceo, de 30 años, nacido en Michoacán, pero con residencia en Mexicali, donde se dedicaba a la compra y venta de vehículos usados. Y ella ya había empezado a trabajar en la grabación de su disco, allá, en su tierra. Además, había fungido como conductora en varios eventos de espectáculos y algunos relacionados con las Fiestas del Sol. Pocos saben las razones, de por qué los jóvenes se trasladaron a Culiacán, capital de Sinaloa, donde el 22 de mayo de 2008 los encontraron muertos: abatidos a tiros, abandonados sus cadáveres, en un paraje, una zona despoblada, nacionalizada por la guadaña.

El de la pareja es el caso más reciente de personas ejecutadas a balazos, con el sello del narcotráfico, en esta zona de Culiacán, al sur, entre la carretera Benito Juárez, mejor conocida como La costerita, que comunica la carretera México 15 con la de cuota, llamada La costera, que conducen a Mazatlán. Los cadáveres están a pocos metros de distancia uno de otro, junto a la barda perimetral del desarrollo habitacional La primavera: él con los ojos vendados y las manos esposadas a la espalda, y ella, joven y hermosa, con impactos de bala en la cabeza.

La Policía Ministerial de Sinaloa informó que la joven fue identificada como María José González López, de 22 años, quien fue reina de las Fiestas del Sol, en Mexicali, Baja California, en el 2004. Las autoridades de aquella entidad fronteriza informaron que durante las pesquisas habían encontrado que la joven reina presuntamente estaba relacionada con el narco, específicamente con una célula del llamado Cártel de Sinaloa.

Las cruces pueblan los caminos. Las cruces y los pedazos de cinta amarilla de "no pasar" que usa la policía para delimitar la zona en la que ocurre un crimen.

Son los caminos y carreteras que rodean el complejo habitacional La primavera: el nuevo cementerio clandestino, la zona oficial de ejecuciones del narcotráfico, páramo y baldío preferido por los sicarios.

El panteón clandestino contrasta con la opulencia de las residencias de La primavera, construidas por los empresarios Enrique y Agustín Coppel, integrantes de la familia propietaria de la cadena de tiendas que lleva su apellido y que están en prácticamente todo el país. Esta ciudad y conjunto habitacional es el edén, con lago a la puerta, un restaurante con piso de maderas lujosas, canchas de tenis, extensas áreas verdes y recreativas, y albercas repartidas por todos los rincones de este centro urbano amurallado y exclusivo.

Y del otro lado del muro fronterizo que divide La primavera de la zona baldía y polvorienta, está la otra ciudad, la de cruces de muerto, la infernal realidad.

De 2008 a lo que va de 2009 suman alrededor de 28 personas ultimadas a balazos en este sector, según datos de la Procuraduría General de Justicia de Sinaloa. Algunos de ellos, los menos, fueron ultimados en otro lugar y sus cadáveres tirados en este sector. Otros, la mayoría, fueron ejecutados aquí.

Eran adolescentes de 17 años. Otros de 25 y 30, y hasta 35 años. Muchos jóvenes, decenas, son los que quedaron sin vida alrededor de este desarrollo habitacional y en La costerita. Muchos presuntamente estaban involucrados en el mundo de las drogas y el crimen organizado. Al parecer todos fueron ultimados por supuestos ajustes de cuentas: coca, mariguana, deudas, litigios, enemistades, malos entendidos, robos, agandalles, delaciones, imprudencias. Todos acabaron ahí, tendidos, boca abajo, con manos y pies atados, envueltos en cobijas, bañados en sangre.

Las cruces marcan el camino. Cruces de madera y metal, pintadas de azul y negro. Con nombres de las víctimas, edades de nacimiento y muerte, y flores de plástico que descoloridas y resecas parecen espinas.

Al menos una veintena de estos rústicos altares están en el camino del lado oriente de La primavera, junto a la barda perimetral o frente a ella, del otro lado del sendero.

"A este lo masacraron, casi casi lo fusilaron en la barda, por eso quedó toda manchada… a aquel otro se lo llevaron para allá y luego le dispararon", dice un empleado de La primavera que hace las veces de portero en uno de los accesos laterales. Regularmente se cubre del otro lado de la puerta de acero por el que pasan las unidades de carga, pero ahora está el acceso abierto por el constante ir y venir de las góndolas.

Ahí estaba un vigilante. Del otro lado del camino de terracería había al menos cinco personas, en el interior de una camioneta de modelo reciente, con vidrios polarizados. En el interior, los desconocidos parecían platicar. Él no escuchó nada. Pero la presencia de estas personas durante varios minutos le dio mala espina.

Abrió la puerta. Eran apenas las seis de la mañana y él empezaba su turno. En pocos minutos iniciaría el trajinar de las góndolas, sacando escombro y metiendo material para la construcción de una nueva etapa de este desarrollo habitacional. Los desconocidos seguían ahí. Así que prefirió acercarse y advertirles que ya iban a empezar a pasar las góndolas.

"Les dije que sería mejor que se movieran un poco, que se fueran allá, adelantito", manifestó.

Cuando el hombre se les acercó, a paso lento y despreocupado, el conductor de la camioneta bajó el cristal de la puerta para escucharlo. Una vez que el empleado les hizo la recomendación subió de nuevo el vidrio. No dijo nada. Nadie de los de la camioneta pronunció monosílabo alguno. Se adelantó alrededor de cincuenta metros. Y luego empezaron los rafagazos.

Desde dentro, del puesto de vigilancia, otro de los empleados vio el bulto entre los matorrales. De los de la camioneta ya no se supo nada.

No es la primera vez que escucha disparos. De "cuerno", dice, varias veces. Y recuerda calibres: "El de aquel fue con una .45, aquel otro, más allá, le dieron con una nueve milímetros, lo digo porque encontraron casquillos, así lo publicó el periódico al otro día."

Los matorrales son mayoría. Sus ramas secas, de un color amarillento, tienen vida, y se cruzan y multiplican. La aridez de este monte está mudando con las lluvias y un canto ensordecedor de cigarras le va ganando en la competencia a los pájaros de plumaje rojo y amarillo.

Son caminos propicios para la muerte. Pocos transitan en medio de estos parajes de malos olores, súplicas canceladas y desolación.

Las tumbas son muchas. También los listones amarillos de la policía. "No pasar", "No cruzar", "Prohibido pasar" puede leerse, en los retazos amarrados entre ramas y árboles. Y en el centro del escenario los altares con cruces de metal y de madera, apenas pintados con los nombres, y las fechas de nacimiento y de muerte, de las víctimas.

Juan Carlos Mendoza Madueña. Nació el 24 de abril de 1989. Murió el 21 de marzo de 2009. Y la leyenda: "Dios te bendiga." En otra cruz, también de madera, puede leerse "Mario Taro". Hay veladoras cuyas mechas alguna vez estuvieron encendidas. Los vasos quebrados, polvorientos. La cera derretida, esparcida en la tierra, a pocos centímetros de las manchas oscuras que dejó la sangre y otros restos humanos. Recipientes con flores de colores: azul, amarillo, rojo, anaranjado, todos mortecinos, tristes, con pétalos puntiagudos.

Otras cruces están pelonas. Son pedazos de madera, de tablas, sin pintura y sin nombre. Unidas de prisa con un clavo viejo, que las atraviesa, enmohecidas por el óxido, empolvadas por el olvido.

Los militares pasan ocasionalmente. Igual los de la Policía Municipal, en camionetas blancas o motociclistas en pareja.

Las puertas laterales de La primavera quedan abiertas de día, para que pasen los camiones de volteo. De noche, son canceladas. Afuera, en la oscuridad, sólo viven los sicarios. El resto es muerte y sentencia.

"Pedro Quintero León", dice en otra cruz. "Nació el 8 de diciembre de 1975. Falleció el 2 de mayo de 2008. Descanse en paz." Esta cruz está pintada de negro y las letras son blancas. Es uno de los primeros saldos de la guerra cruenta del año pasado, cuando rompieron y se enfrentaron las huestes de los Beltrán Leyva con la organización de Ismael Zambada, el "Mayo", y Joaquín Guzmán Loera el "Chapo".

Más adelante hay una capilla azul, construida rudimentariamente. Un triste globo desinflado, otrora brilloso y ufano con el viento, yace a un lado, con la leyenda "Te quiero".

Otra más tiene los nombres de Jorge G. Sarabia Garibaldi, Koki, quien nació el 27 de julio de 1972 y falleció el 2 de agosto de 2008. Un "Te extrañamos" acompaña la cruz, y abajo, Luis Enrique, Gordo, quien falleció el mismo día.

Otras cruces siguen señalando el camino. A la orilla del dique La primavera, del otro lado de barda alta que delimita los terrenos del fraccionamiento, en ambos lados del camino. Los parajes llaman la atención cuando entre sus rincones visibles hay montoncitos de piedras: son las tumbas de los desconocidos, a los que cada persona que pasa tiene que abonarles pequeñas piedras como una forma de homenajearlos, como un conjuro, una forma de apartarse del sendero de lo mortal.

Don Sergio está sentado en el patio de su casa. Una casa vieja que parece ladearse, de ladrillo y cemento, pero también de lámina y madera. El patio es grande. Un gigantesco árbol de guamúchil está en el centro. Las calles son angostas y hay perros, carros viejos estacionados, gallinas y patos, ropa tendida y lavaderos con desagües al descubierto.

Es la comunidad de Los llanos, ubicada al fondo, al otro lado del residencial La primavera, al final del dique. Hay una veintena de casas, pero apenas la mitad habitadas, porque los dueños viven en la zona urbana de Culiacán y regresan los fines de semana, si acaso.

"Y qué hago", pregunta don Sergio, a manera de respuesta, cuando se le cuestiona si no la da miedo vivir entre rafagazos y cadáveres que aparecen de mañana en estos linderos.

"Seguido escucho disparos, en la noche, la madrugada, y al otro día los cadáveres, pero qué hago, nada. Aquí vivo, ya estamos aquí, ¿para dónde jalamos?", manifestó.

El gobierno, agregó, sabe quiénes son y dónde están narcos y matones, pero no hace nada. Son los mismos que compran tierras, que tienen gente armada en sus propiedades, y "nadie hace nada".

Dijo que a los dos hijos que tiene les ha dicho de los muertos, cuando se topan con ellos o saben de nuevos casos a través de los periódicos, pero muchos veces, los niños no se dan cuenta.

En el lugar donde murieron María José y su marido fueron encontrados 10 casquillos calibre .38. Ella estaba boca arriba, como queriendo ver a sus victimarios. Él quedó de lado, con los ojos vendados. Un hilillo de color rojo nacía de la cabeza de ambos, esparciéndose. A pocos metros, la carretera Costerita. Otra zona de ejecuciones.

La policía de Sinaloa encontró que los jóvenes occisos estaban en calidad de indiciados en el secuestro de una persona en Culiacán. El secuestrado, se dijo, fue encontrado a los pocos días muerto a tiros. Al parecer, el vehículo en que fue "levantado" era propiedad de Omar Antonio.

"Esto no tiene fin… por que habría de resolverse todo esto de la violencia, si hace poco hasta mataron a una mujer, cómo me pesa."

Sergio se refiere a ella, a la joven María José, de apenas 22 años, cuyo cadáver fue encontrado con el de Omar Antonio.

El anciano levanta la cara y dice que es doloroso que también la agarren contra mujeres jóvenes. Todavía, entre el monte, a la orilla del camino, están los listones amarillos de plástico que marcaron el doble homicidio. Pero aunque no ve claro, ni advierte buen futuro, todos los días, en su camioneta vieja, junto a su familia, cruza estos caminos para llegar a su casa: de la sucursal del infierno, del cementerio, a su patio, el guamúchil frondoso, el pedazo de Edén que es su casa.

La joven quedó ahí, tendida, entre tierra, maleza y basura, con sus huaraches dorados, con cintas que subían enredadas más allá de los tobillos. Y esa ropa negra, entallada, anticipando su luto. Su muerte. Tenía los ojos abiertos, como mirando al cielo, buscando al sol. Pero para ella fue todo. Cielo cerrado. Todo nublado.

Laura Zúñiga

Su madre quería que fuera educadora, que diera clases en algún jardín de niños de la ciudad o en un plantel de primaria. Pero Laura no. Desde pequeña quería ser reina de belleza. Dio el primer paso en el plantel preescolar. Tendría alrededor de cinco años y entró como concursante de la reina de la primavera. Laura vistió de hawaiana y ganó el segundo lugar, después de algunos pleitos entre los participantes y sus padres. Pero a Laura le gustó una bolsa que se había ganado la que había alcanzado el tercer lugar y la cambió por la corona, con tal de quedarse con el premio.

Ya en las calles de la ciudad su andar despertaba miradas y suspiros. Es joven, acostumbrada a llamar la atención. Púber y altiva, figura esbelta y erecta, con pasos ondeantes y mirada fija, segura, iluminó con su andar las aceras. Nació el 3 de enero de 1985 y a los 18 años tenía un peso de 55 kilogramos, cabellera larga color castaño y ojos cafés, casi 1.80 metros de estatura, 80 centímetros de busto y 62 de cintura. Toda una diosa.

Laura Elena estudió la licenciatura en educación preescolar en el Liceo Rosales, un céntrico plantel privado, en Culiacán, la capital sinaloense. El día que terminó la carrera llegó a su casa. Vio a su mamá y le entregó el título. "Aquí está", le dijo. "Cumplí." El título que su madre quería para ella estaba en sus manos, pero no formaba parte de los planes de Laura. Ahora seguía lo suyo: la belleza como mercancía.

Información de familiares indica que en una de sus primeras presentaciones como modelo salió corriendo de la pasarela. Tenía miedo. La cara se le anegó de llanto.

De acuerdo con informes recogidos por medios periodísticos, Zúñiga Huízar fue apoyada durante los primeros meses que estuvo en la ciudad de México por el empresario Eduardo Santana, oriundo de Culiacán, propietario de la agencia de modelos que lleva su apellido. Tres años después, señalan, se colocó en la firma de modelos que dirige Queta Rojas, también en la capital del país, con otro centenar de jóvenes.

Laura participó en desfiles de moda patrocinados por firmas como Fashion Week, La Fiesta Pepsi y la diseñadora Sarah Bustani. También colaboró en campañas publicitarias de Revlon, El Palacio de Hierro y DS Jeans.

La joven vivía en la ciudad de México, pero visitaba frecuentemente a su familia. Parco, evasivo, huidizo y escondido tras los mostradores de sus negocios de venta de discos y ropa, en Culiacán, su padre, Jesús Esteban Zúñiga Carrillo dijo que su hija "venía aquí cuando no tenía trabajo".

El primer concurso que ganó fue Intermodel 2005, sección México, bajo la conducción de Eduardo Santana, en la discoteca Kuwa. Posteriormente, en 2006 y 2007 volvió a obtener ese galardón y con ello la posibilidad de participar en el calendario Latinas Illustrated.

Para entonces, Laura Elena Zúñiga había hecho más que esfuerzos por mantenerse en los reflectores:

estiró una parte de su cuerpo, los pechos, luego de someterse a una intervención quirúrgica para agrandarlos.

Aquel 8 de julio ella no era la favorita para obtener el título de Nuestra Belleza. La sospecha de fraude, de malos manejos y compra de votos del jurado estaba ya en el ambiente del certamen. Le seguía los pasos muy de cerca Perla Núñez, quien contaba, según versiones extraoficiales y de los mismos organizadores del evento, con el apoyo de Antonio Ibarra Salgado, secretario de Turismo del gobierno de Sinaloa.

Fueron cinco las finalistas en este certamen, cuatro de ellas originarias de Culiacán: Citlaly Nahibi Sauceda, Gema Carolina Pérez, Laura Elena Zúñiga y Perla Judith Beltrán, además de la mazatleca Lucía Aikens, aquel martes de julio, en el teatro Ángela Peralta, ubicado en el centro histórico de Mazatlán.

Esa noche Laura tuvo un desempeño que muchos consideraron desastroso: aunque era una de las favoritas, con Perla Beltrán, lució desangelada a la hora de responder las preguntas, con problemas de dicción, insegura y frívola, además de que su vestuario de noche parecía quedarle grande y en algunos tramos la prenda demeritaba la silueta de la joven culichi. Y cuando le preguntaron qué propondría para lograr la igualdad de derechos entre la mujer y el hombre, respondió que era necesario valorar a las amas de casa. El público la abucheó.

La mazatleca Lucía Aikens y la también culiacanense Perla Judith Beltrán se vieron seguras y con respuestas atinadas que despertaron a las porras y los aplausos del público. A Lucía, reina del Carnaval de

Mazatlán 2007, se le cuestionó sobre qué acciones tomaría en caso de que se tuviera una contingencia alimentaria a nivel mundial: "Todos sabemos que Sinaloa tiene el primer lugar en productividad, lo que haría, sería buscar alternativas para proveer de granos y cereales que no ocupan de mucha tecnología y son de gran utilidad para la alimentación", fue su respuesta. A Perla Judith le tocó un cuestionamiento más complicado, le preguntaron qué tendría que hacerse para involucrar al desarrollo regional con el sector productivo y la educación superior. La bella joven, de 21 años, contestó que buscaría la manera en que las tres instancias, gobierno, sectores productivos y universidades, se unieran en busca de un sólo objetivo.

Las apuestas giraban alrededor de Lucía y Perla. Pero la reina del carnaval fue favorecida con el segundo lugar. El público pensó que entonces sería Perla la nueva reina de Nuestra Belleza Sinaloa 2008, que significaría su noveno título y representaría al estado en la final nacional en Monterrey, el 20 de septiembre. Pero fue el nombre de Laura el que se escuchó como ganadora en el Teatro Ángela Peralta. Hubo una exclamación de asombro y estupor, que luego se tradujo en decepción y reclamo. Y después vinieron los gritos estruendosos de "¡Fraude! ¡Fraude!" La sombra de la sospecha se había instalado ahí.

Las crónicas periodísticas señalaron que Perla ya no salió para las fotos y se mantuvo en su camerino, llorando. En contraste, Lucía tomó con tranquilidad la decisión del jurado. A la ganadora, luego de las fotos y entre gritos y aplausos, se la llevaron en una camioneta. Aún así no se salvó de reclamos por parte de los seguidores de sus adversarias.

La tarea de calificar a las jóvenes la tuvieron la nutrióloga Bárbara Ascencio, la maquillista Claudia Compas, Rosalva Yazmín Luna (Nuestra Belleza Sinaloa y México 2003), el productor teatral Rafael Félix, el ex director de Cultura, Raúl Rico, el productor general de Nuestra Belleza, Carlo Rico, y la coordinadora de Nuestra Belleza México, Ana Laura Corral.

Una reportera de sociales que siguió de cerca esta trama, aseguró que Laura "sabía que iba a ganar desde antes, se sentía, se sabía triunfadora".

El costo de la producción de Nuestra Belleza Sinaloa fue de un millón de pesos, que fueron pagados por la empresa Televisoras Grupo Pacífico —que reúne a cuatro estaciones de televisión en Sinaloa y Sonora—, filial de Televisa. El dinero, señalaron fuentes del interior del comité organizador del certamen, se invirtió en hoteles, comida, arreglos florales —que fue uno de los gastos más altos, ya que alcanzó la suma de 200 mil pesos—, renta del teatro Ángela Peralta y otros. De la transmisión del programa, por concepto de publicidad, la empresa obtuvo alrededor de 700 mil pesos, de los cuales cerca de 400 mil pesos aportó la Secretaría de Turismo. Los resultados llevaron a los directivos de la televisora a calificar el certamen como un "mal negocio" porque al menos debían recuperar la inversión de 1 millón de pesos.

Otras versiones aseguraron que la Secretaría de Turismo invirtió en publicidad durante la transmisión y organización del evento entre 400 y 500 mil pesos.

Ángel Orlando García Urquiza era el novio de Laura Zúñiga y se presentó como David. Estaban en Culiacán, en una reunión para una sesión fotográfica. Algunos amigos los acompañaban, periodistas del mundo de las modas y espectáculos. Describen a Ángel como un hombre bien parecido, delgado, con formas atléticas, serio y educado. Que hasta parecía extranjero, colombiano o argentino y que además iba bien vestido. Lo confundieron con modelo. Tenía finta de todo, "menos de narco", señaló uno de los fotógrafos que participó en esa sesión.

El abogado tenía, para Laura Zúñiga y para todo el mundo que circulaba la vida de la reina de belleza, ese nombre: David García Gutiérrez. Ellos llevaban alrededor de siete meses de novios. Se conocieron en agosto de 2008. Él era casado, pero Laura no lo sabía, o no lo quiso saber. Ambos fueron presentados durante una cena, una reunión de amigos, en un restaurante de la Ciudad de México, y desde entonces empezaron a salir, a viajar, acudir a fiestas. Tenía su despacho jurídico en Santa Fe, en los linderos del Distrito Federal.

Santa Fe. Es santa sin fe. Y desolación. Es un desarrollo comercial, inmobiliario, para el lavado de dinero de narcotraficantes y políticos. Lo impulsó Carlos Salinas de Gortari cuando fue presidente de la República, en ese periodo de 1988 a 1994. La zona fue construida sobre minas de arena. Los desarrolladores, inversionistas y constructores escondieron la basura, el tiradero de mierda, la marginación, bajo sus rascacielos de cristales, concreto y acero. Centros comerciales, oficinas y altos edificios, de un lado. Desperdicios, hambre y pobreza del otro. Está en la salida

a Toluca, es un nudo contrastante entre lo urbano y el tráfico, los de a pie y las oficinas con aire acondicionado.

Ahí estaba Ángel Orlando, entre expedientes y
juicios. Y Laura en la mira de reflectores, los flachazos
y micrófonos. A ambos se les cayó la baba: a él por verla,
por tener a esa reina, esa deidad, a ella por la fama, por
ese homenaje epidérmico y de oropel que se le rendía a
sus pies en cada suspiro.

A Laura siempre le han gustado las muñecas. Las barbis,
como ella. Todavía, a sus 23 años, llega a su casa, luego
de haber estado trabajando fuera del estado, y se llevaba
a su mamá de compras, al supermercado, en busca de
muñecas. Y sigue jugando con ellas.

En diciembre de 2008 no fue diferente. En medio
de los preparativos familiares para la posada, ella se dio
tiempo de organizar sus propios eventos. Y de atender a su
novio.

Laura también participó en un evento contra las
drogas, organizado por las autoridades de la Secretaría
de Salud del estado, a mediados de diciembre, con Perla
Beltrán. Y tenía programado asistir a un homenaje que
le realizarían en el municipio de San Ignacio, ubicado al
sur de Culiacán y cerca de Mazatlán, el 23 de ese mes.
Por su cuenta, tenía también en la agenda una posada
para los niños con cáncer, internados en el Hospital Pe-
diátrico de Culiacán, y una fiesta para las niñas del or-
fanatorio La divina providencia, que administra una
congregación de monjas, también en la capital sinaloense.
La reina de belleza se esmeró: con la ayuda de amigos y
parientes y con recursos propios compró juguetes, coronas

y hasta bandas con la leyenda Nuestra Belleza, para obsequiarlas a niños y niñas.

Quería que los menores, a pesar de su orfandad y de sus padecimientos de salud, se sintieran alegres y "que no la vieran como una reina, una persona superior, sino como una amiga", según confesó una persona cercana a la soberana.

Las actividades se le vinieron encima. Laura tenía, además, que estar en Guadalajara, para otra sesión de fotos y asistir a una fiesta con su novio, en Zapopan. Las fechas se acercaban y decidió hacer ajustes. Canceló el evento de San Ignacio para acudir con calma a Jalisco y regresar a la fiesta de los niños con cáncer y las menores del orfanato. Eso sería el 23. Sería pero no fue.

Esa noche del 22 de diciembre, ella se cambiaba de ropa. Estaban en una casa, en esta zona conurbada, cercana a la capital tapatía. Iban a tener ahí cerca, con unos amigos, ella y su novio Ángel Orlando García Urquiza, una fiesta, al parecer una posada. Pero estaban ahí también para realizar una sesión fotográfica.

Ahí, en el interior de esa casa, y no en un retén del ejército y la policía, fueron detenidos. Pero estaban solos, ellos dos. No había nadie más. Y Laura, a decir de sus amigos y familiares con quienes ella ha conversado sobre este suceso, nunca vio armas ni dinero ni cartuchos.

Los militares irrumpieron, dieron con ellos y los sometieron cuando apenas abrían los ojos para cerciorarse de si esos gritos, esos hombres de negro y verde olivo, con cascos y armas semiautomáticas, fornituras, anteojos protectores, que avanzaban hacia ellos con las rodillas flexionadas, pasos rápidos y cortos, echando grito, no eran pesadilla. A ambos los encapucharon. Algo les decían en voz alta. Luego las voces fueron bajando de volumen. Los sacaron de ahí. A ella la tomaron del brazo, por ambos lados. A él lo conducían a empujones. Los subieron a una unidad del ejército, tal vez una camioneta. Condujeron por algunas calles, durante muy pocos minutos. Y los bajaron de nuevo en algún punto, en alguna zona que Laura no identifica, de la ciudad. Los metieron a un inmueble. De nuevo empujones para él y ella tomada del brazo por dos hombres armados, con guantes en las manos y fusiles colgándoles de sus hombros.

Entraron a una especie de sala o salón. Ahí les quitaron la capucha a ambos. Laura vio luces, disparos de cámaras fotográficas, y frente a ella, como quien descubre una isla atisbando el mar, una mesa con un bufet de pistolas, fusiles, cartuchos y pacas de billetes, de dólares estadounidenses.

No era la pasarela ni la sesión fotográfica. Tampoco la posada, la fiesta con los amigos a la que asistirían esa noche. Laura estaba en problemas. Estaba detenida.

Uno de los oficiales del ejército le preguntó su nombre. Ella titubeó ante la ráfaga de preguntas. Estaba atontada, nerviosa. Se veía, como acalambrada, titiritando. Les dijo su nombre, el verdadero. Total, contó Laura después, no tenía motivos para ocultar su identidad: el que nada debe nada teme. Rápido lo supieron. Laura Zúñiga Huizar, Nuestra Belleza, la reina, la Miss. Y al otro día, en los medios informativos nacionales, encabezando las primeras planas: la culichi que fue detenida por efectivos del

Ejército Mexicano y policías preventivos, en el municipio de Zapopan, vecino de la ciudad de Guadalajara, en el estado de Jalisco, con supuestos operadores y pistoleros del narcotráfico, al servicio del Cártel de Juárez es la reina del certamen Nuestra Belleza Sinaloa 2008, reina Hispanoamericana y Nuestra Belleza Internacional.

Los demás detenidos fueron identificados por el gobierno federal como Orlando García Urquiza, uno de los mandos del Cártel de Juárez, Julio César Gastélum Hernández, Alejandro Medina Ávila, Mario Ávila, Mario Juárez Jiménez, Marco Medina Flores, Ángel David Alarcón Urías y Francisco Arce, a quienes se atribuyen los delitos de delincuencia organizada, delitos contra la salud, operaciones con recursos de procedencia ilícita y violación a la Ley Federal de Armas de Fuego y Explosivos.

En Sinaloa, fuentes de la Procuraduría General de Justicia y de la Policía Ministerial de esa entidad ubicaron a Arce como un agente de esta corporación, de nombre José Omar Hernández Tánori, quien además podría estar relacionado con un atentado ocurrido la madrugada del 8 de abril en el municipio de Navolato, en el que el ahora ex policía resultó herido con cuatro personas más. Horas después, uno de los lesionados, de nombre José Emigdio Rivera Santiesteban, fue rematado en una clínica privada, cuando era atendido por médicos, cerca de la Central de Autobuses, por un grupo de sicarios.

Aquel 23 de diciembre de 2008 el avión en que llegaría Laura Elena a Culiacán se retrasó. Su padre estaba ahí, sentado en la sala de espera. Esperó y esperó. Desesperado. Movía las piernas hacia los lados, sentado en esas sillas de plástico. El avión al fin aterrizó, alrededor de las nueve de la mañana con treinta minutos. Él la buscó con la mirada, inquieto. Y de Laura nada. Al mismo tiempo, en los noticieros de televisión, aparecía su hija, detenida. Junto a ella siete hombres. Su pareja sentimental, entre ellos. Son narcotraficantes, del Cártel de Juárez, dijo el comentarista del noticiero. Armas, balas, dólares, sobre una mesa. Flachazos y espectáculo. No eran los *flashes* ni las pasarelas que hubiera querido Laura. Sus amigos y parientes la veían y la veían, en la tele. Una de sus más cercanas amistades relató que no lo podía creer, cuando vio su imagen en los noticieros: "No puede ser. No, Dios mío. No es ella. Y le hablaba, le gritaba, como si ella me pudiera escuchar. Dame una señal, diosito, dame una señal de que no es ella, que no es mi Laura. No, no." Y los llantos.

Laura estaba en televisión nacional, destronada, con las lágrimas derritiendo su monumento, su corona y sus cetros, y el rimel. Barriéndolo todo a su paso, como un huracán. Y su padre seguía en el aeropuerto: la sala de espera ya se había vaciado. Los ojos se le ensombrecieron en esa espera. Le crecieron los surcos en la piel. Se profundizaron las pecas y los años. Envejeció varios años en ese espacio. Y ni cuenta se dio.

Para el 26 de diciembre la joven y sus acompañantes, a quienes decomisaron dos fusiles, tres pistolas, 633 cartuchos y más de 55 mil dólares, quedaron bajo arraigo durante 40 días, en la ciudad de México. Ese lapso fue aprovechado por Procuraduría General de la República (PGR) para determinar si les concedía su libertad o los ponía a disposición de un juez para que ser juzgados. Y sucedió lo segundo para todos, excepto para Laura, quien fue dejada en libertad y sin responsabilidad penal el 30 de enero de 2008. Pero para entonces, mucho antes de que se resolviera su situación jurídica, los organizadores del certamen la habían despojado de los títulos Nuestra Belleza y Reina de Hispanoamérica.

A los detenidos se les investigó como presuntos responsables de la comisión de delitos contra la salud, lavado de dinero, violación a la Ley Federal de Armas de Fuego y Explosivos y delincuencia organizada, dentro de la averiguación previa PGR/SIEDO/UEIDCS/438/2008.

Laura sabía que su novio era abogado. Y también sabía que andaba en "eso". Pero nunca pensó qué tanto, a qué nivel. Lo entendió cuando les cayó el ejército. Cuando se vio retratada, posando, frente al bufet de cartuchos y armas y montones de dólares. Pero desde antes de que ganara el certamen Nuestra Belleza Sinaloa se hablaba de eso en los pasillos venenosos, en ese ambiente que al mismo tiempo es tufillo de poses y doble moral, que ella, la candidata, la que seguramente sería la reina de reinas, andaba con "un bato pesado" de Navolato. Gente de los Carrillo, del Cártel de Juárez.

Cuando la detención de la Miss trascendió y aquello se convirtió en un escándalo, Antonio Ibarra Salgado, secretario de Turismo de Sinaloa, se apuró a deslindarse públicamente del certamen y de la elección de Laura Zúñiga como Nuestra Belleza Sinaloa 2008, aunque él, confirman estas fuentes, empujó, presionó y promovió a Perla

Judith Beltrán, quien quedó en segundo lugar y con la detención de Zúñiga, ocupa el lugar de ésta

Al día siguiente de la detención de Laura, el funcionario estatal habló a los noticieros radiofónicos locales para decir que lamentaba los hechos y para pedir que no se vinculara a las autoridades de gobierno y a los que organizan este tipo de certámenes con estos hechos.

Pero Ibarra participó en la ceremonia de coronación de Zúñiga. Las fotos en los diarios locales, en portadas, grandes y a colores, lo ubicaron instalándole la corona de reina a Laura Zúñiga, esa noche, en el puerto de Mazatlán. Como una metralla oral manifest: "Nosotros sólo vamos, coronamos a las reinas, no somos jurados ni seleccionamos a las concursantes... estamos tranquilos, porque esos concursos son eventos organizados por otras personas."

Después, a los pocos días, fue todavía más agresivo. Ya no sólo pintaba la raya respecto al evento y sus resultados. A periódicos locales y nacionales declaró que la PGR debía investigar a la empresa Televisoras Grupo Pacífico, organizadora del concurso en el que fue coronada Laura Elena Zúñiga Huizar.

"Vamos dejando muy claro algo: esto es un negocio eminentemente privado. Esa empresa es la que trae al evento a esa niña, quien ni siquiera hizo *casting* en la entidad. Esa empresa la seleccionó y se convirtió en jurado... con ellos son con quienes debe platicarse para saber cómo hicieron la selección, ya que tienen conocimiento de cómo fue la final y cómo (luego de ganar) la llevan a Monterrey, donde obtiene el segundo lugar y luego a Bolivia. Eso son cosas de ellos", dijo, con una sospechosa terquedad, Ibarra.

"En Sinaloa, de una u otra manera todos están comiendo de lo que deja el narco. Todos. Porque no hay otra cosa más que eso", señaló ante los reporteros Gustavo Castillo y Javier Valdez, de *La jornada*, María Elena Huízar Rivera, madre de Laura Zúñiga.

El esposo de María Elena tiene dos puestos de venta de discos compactos. Son discos originales, de fábrica, que expende en pequeños y modestos establecimientos en la zona conocida como El mercadito, en un céntrico sector de Culiacán.

Su queja tiene qué ver con los narcos, porque son los que acuden a este tipo de negocios, pero prefieren los informales, los que no pagan impuestos ni expenden facturas ni ofrecen discos originales, sino piratas. Y los venden mucho más baratos, 10 o 15 pesos, a diferencia de los 120 o 150 pesos que mantiene como precios el comercio formal.

Los narcos que pagan policías, que son clientes favoritos de estéticas, tiendas de telefonía celular, boutiques de ropa cara, zapaterías y agencias de automóviles. El narco es todo. El narco no sólo es violencia, policías y militares contra delincuentes. El narco omnipresente y omnipotente, como Dios. El narco nuestro de cada día: cada vecino, taller mecánico, pariente o amigo, amante o compañero de trabajo, cohabitante de carril vehicular, comensal y peluquero está involucrado: el narco es una forma de vida.

Y María Elena lo sabe, como lo saben todos. Sin narco no hay restaurantes ni lavados de automóviles ni casinos ni *tables* ni grandes centros comerciales ni carros Hummers, Saab, camionetas Lobo o Cheyenne o BMW.

Ni habría moda femenina: uñas largas, postizas, pintadas con flores minúsculas y con inserciones de piedras brillosas, ni tres teléfonos celulares a la cintura ni bolsos Roberto Cavalli ni tiendas Pavi.

Todos lo saben. Hasta las meseras que ven reducidas sus actividades en cerca de un 70 por ciento, debido a los operativos del ejército en contra del crimen organizado, desde mediados de 2008 y hasta principios de 2009. Unos pistoleros y otros operadores, jefes y mandaderos, lavadores y empresarios y políticos. Algunos se fueron. Otros están detenidos. Otros más muertos.

María Elena está sentada en la sala de su casa. Una vivienda modesta, azul rey en la fachada, en la que no caben tantas fotos de la familia, mayoriteadas por las imágenes de su hija. Laura Zúñiga aparece, todavía en ese momento, reina de la belleza sinaloense. La casa es de dos pisos y los muebles de la sala están un poco encimados. Acaba de pasar la navidad: huele aún a cena familiar, hay panes tipo cuerno, de esos que acompañan al platillo de lomo mechado y pierna rellena, con sopa seca y lo que aquí llaman frijoles puercos: un platillo regional resultado de la mezcla de frijol mayocoba, que se cosecha en esta tierra, chorizo y manteca de cerdo, queso Chihuahua, aceitunas y chile jalapeño.

Hay un nacimiento navideño en uno de los rincones. Platos largos, de celebración, limpios y acomodados, en la cocina. Vasijas y ollas en la estufa. Algunos de estos recipientes tienen todavía residuos, tallones de cuchara, mapas de sopas y jugos carnosos.

Entre las fotos sobresale una grande, tamaño póster, con marco color dorado, en la que posa Laura Zúñiga, en lo alto de un cerro, una especie de meseta. Y atrás, abajo, el pintoresco pueblo de San Ignacio, ubicado en el inicio de la intrincada serranía, al sur de Culiacán y casi a la mitad del recorrido entre este municipio y el puerto de Mazatlán.

María Elena se pone de pie y luego se sienta. Y después decide mantenerse de pie. No quiere hablar y habla. Dice que tal vez la estén grabando. Y empieza a hablar, así, parada, cándidamente, con dolor por su hija, a la que le ve el cachete hinchado porque recién le habían sacado una muela cuando la presentaron en calidad de detenida por televisión, y con orgullo porque en su casa, asegura, no hay malandrines, y todo se ha obtenido con la chamba, con la venta de discos y ropa, esfuerzo honesto, entrega, pasión, sangre, sudor y tesón. Mucho corazón.

"Dios va a poner cada cosa en su lugar", dice, resignada, pero con una certeza que suena como golpe de martillo.

Su hija, insiste, ha sido tratada injustamente, con burla y exageración, y juzgada y condenada sin razón.

"A ella le dicen muchas cosas, que le ponen que 'Miss Pistolas', que dejó la corona por las metralletas, pero ¿qué es eso?, ¿quisieran que les dijeran lo mismo? Tienen hijos, hermanas. Aunque ella ha sido, como dicen, la mera mera, la 'Camelia', las personas que cometen errores, ante Dios, son quienes más van a pagar, ninguna de las personas le vamos a pagar, sólo ellos. A los señores que se burlan en la televisión, no les deseo mal, le pido a Dios por todos los jueces y todos los que están allí", dice María Elena renegando del trato que los medios informativos, sobre todo la televisión y uno que otro rotativo, le han dado a la noticia de que Laura Zúñiga, Nuestra Belleza Sinaloa 2008, está involucrada con un grupo de pistoleros al servicio del narcotráfico.

La vivienda casi alcanza la esquina de la cuadra en la calle Xicoténcatl, colonia Mazatlán. Enfrente hay una tortillería y muy cerca una pequeña tienda. Son calles que tienen pocos años pavimentadas, que forman parte de un espacio marginal, aunque la ciudad, el ruido, el centro, las vías rápidas, el gran flujo vehicular, está cerca. En cinco minutos se llega en automóvil al primer cuadro. Rutas de camiones abrazan este sector y en poco tiempo, tomando las dos calzadas que rodean esta zona, es fácil y accesible salir de la ciudad.

A principios de mayo del 2008, entre esas calles truncas fueron abatidos a tiros siete agentes de la Policía Federal Preventiva. En el enfrentamiento, un supuesto gatillero murió. A los días iniciaría en Culiacán el operativo Culiacán-Navolato, con la presencia de alrededor de 3 mil efectivos militares y agentes federales.

Esta es una zona perdida, extraviada entre dos grandes vías: la salida a Mazatlán, al sur, y al poniente para llegar a Sanalona, que tiene la primera presa que operó en Sinaloa, en la década de los cuarenta. Así inició el sistema de riego para el *boom* de la agricultura sinaloense, la capacidad para producir tomate, chile, pepino, frijol, maíz y otros cultivos.

Es una zona con callejones y calles que de repente acaban en el patio de una casa, en la cochera de una vivienda que truncó la vía. Aquí funcionó la zona de tolerancia y las diminutas casas, las fachadas planas, antiguas, viejas y derruidas, conservan los focos rojos exteriores.

Hay ruinas de las boyantes casas de cita, vías con pocos años con pavimento hidráulico que llevan a alguna cantina, a algún burdel que ha sobrevivido a los operativos de la policía.

En el Culiacán de los sesenta y setenta, mujeres con prendas ínfimas, en las salas, se ofrecían, desfilaban, coquetas, apantallantes y ufanas, a la vista del mejor postor. O del peor.

Todavía en los ochenta y principios de los noventa, en la noche avanzada, cuando la zona de tolerancia ya no estaba en este sector y había sido reubicada más allá, al oriente, a las orillas de la ciudad, posaban en el crucero en el que confluían ambas calzadas, los travestis, en busca de clientes. A este sector se le conocía como La caseta cuatro, por una garita de revisión que la policía había instalado. Empezaban así las exequias, las despedidas, que la prostitución no terminaba de dar y de darse en esta zona que ahora es familiar y activa, pero conserva el tufo de la desolación.

Aleteando su libertad, Laura Elena Zúñiga regresó a Culiacán el 30 de enero de 2009. Anduvo escondida, sintiéndose vigilada. Por eso no se quedó en un solo lugar. Entre su casa y la de amigos y parientes repartió su estancia a salto de mata, huyendo sin ser perseguida. Y de nuevo las fotos, con una revista de espectáculos, y la entrevista. No querían que se les fuera la reina, a la que muchos calificaron en la Internet como "Miss Buchona", la "Nena buchona" y "Miss Pistolas". Todos querían la exclusiva.

Laura estaba retraída. Quería cambiar la página, darle vuelta a la hoja. Pero la historia la persigue.

Anda en ese Chevy color gris que se ganó en el certamen local de Nuestra Belleza. Ese no se lo quitaron. El cetro sí. En el DF, entre restaurantes y centros comerciales, anda ensimismada y a la defensiva. Habla sin mirar de frente. Mira de reojo. No sostiene la mirada. Esquiva y distante.

Los fotógrafos buscan en la ciudad, su ciudad, un local para las fotos. La quieren con un vestido rosa, con olanes. Y también con uno amarillo y blanco, de seda y tonos color pastel, con toques dorados. Tienen para ella unos aretes de piedras blancas y amarillas, de oro, en forma de gota. Pero no encuentran locación. Al saber que se trata de Laura Zúñiga, la que fue Nuestra Belleza, los locatarios se niegan. Los fotógrafos fueron con los del desarrollo Isla Cortés, turístico y para eventos sociales, ubicado en Altata, una bahía que es remanso de las aguas del océano Pacífico, municipio de Navolato. Les contestaron que tomaran fotos pero que no salieran las instalaciones. Después les precisaron: "Nada de fotos de ella, no queremos que nos relacionen con esa gente."

De todos modos, los organizadores de la sesión fotográfica igual ya habían decidido no realizarla ahí, ante las restricciones. Pero les respondieron, de acuerdo con versiones de ellos mismos, que también ahí ha habido eventos de los narcos, que se habla de los compradores, de los clientes, de los que acuden al restaurante o a los salones. "Nosotros le dijimos 'acuérdese, ingeniero, todos comen de ahí, hasta los limosneros reciben dinero del narco. No se le olvide', y así la dejamos."

Al final, la sesión se realizó en la casa de uno de los socios de una revista de modas. En las imágenes, publicadas en el número de febrero de la revista *Back Stage*, se ve una residencia de patio grande, con escalones y bancas de cantera, jardines amplios y grandes árboles. Es una casa del exclusivo fraccionamiento Isla Musala, en un desarrollo urbano de Culiacán, al oriente de la ciudad y junto al río Tamazujla, que también ha sido señalado por la supuesta presencia de dinero procedente del narcotráfico.

Ella está ahí, con el pelo suelo. Un tupé que le llega a las cejas. Boca rosa, un maquillaje discreto, de día, sin estridencias ni escándalos. Abre la boca. Voltea a la cámara. Clic. Sale con una manzana mordida. Ella mira, expectante, como sorprendida. Y abajo, después de su nombre escrito en letras rojas, la frase "sin culpa ni pecado".

Nota de los editores

Mientras trabajábamos con los últimos detalles de edición de este libro, pocas horas antes de mandarlo a imprenta, recibimos este correo electrónico de Javier Valdez Cárdenas que demuestra, una vez más, la dura realidad que vivimos, y particularmente de quienes trabajan en el ámbito periodístico.

Asunto: Estoy completo
Enviado el: Jueves 10/09/2009 05:25 p.m.

Hola amigos editores, tal vez no se enteraron —porque siempre andan en chinga, metidos en textos, papeles, pantallas y teclados, procreando y pariendo libros— pero les informo que en *Ríodoce*, el periódico semanal de Culiacán en el que también trabajo sufrió un atentado: la madrugada del lunes nos aventaron una granada de fragmentación a la planta baja, que solo provocó daños materiales. Yo estoy bien, igual que todos mis compañeros: completito, sin rasguños, fracturas ni acné. Vivo y pisteando, peleando, tecleando y soñando. Hubiera querido avisarles antes de que se enteraran por los medios, pero no pude, pero ya me di cuenta que no sabían porque creo que me hubieran llamado para preguntarme si todavía latían mis muñecas, mis huellas, mi sol. Un abrazo... les llamé por teléfono hoy jueves pero no tuve suerte. Sale pues, salud.

JAVIER V

Este libro terminó de imprimirse en abril de 2010
en Editorial Penagos, S.A. de C.V., Lago Wetter
num. 152, Col. Pensil, C.P.11490, México, D.F.